Tabela e përmbajtjes

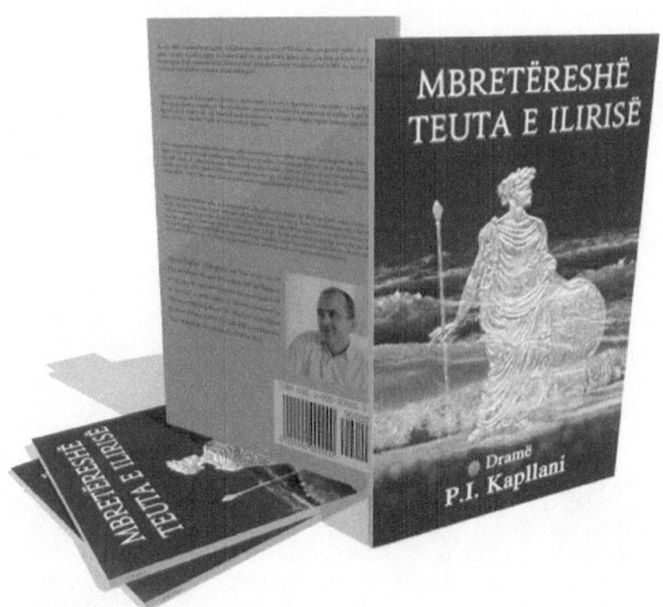

MBRETËRESHË
TEUTA E ILIRISË
Dramë
P.I. Kapllani
MBRETËRESHË
TEUTA E ILIRISË

Mbretëreshë Teuta e Ilirisë

Dramë

nga

P.I. Kapllani

Copyrights @2024, P.I.Kapllani

Publisher: IOWI
Design & Layout Archie D'Cruz
Cover Illustration Tony Kiehl
Author Picture Abhinav Misra
Redaktor: Roland Lelaj
Botimi i parë, anglisht, 2008
Print ISBN: 9798224881055
Ebook ISBN-13: 9781310248832
Print ISBN: 9781778184802

Personazhet kryesore
Mbretëreshë Teuta
35 vjeçe
Mbreti Agron
50 vjeç
Pimi
12 vjeç
Anila
35 vjeçe
Dhimitër Fari
40 vjeç

Personazhe dytësore
Enkeleu, Ardiani
komandantë ilirë
Laurenti
i dërguari i Romës
Santumalus, Alvinus
komandantë romakë
Mjeku
Kori i Zanave:
Flokëverdha,
Flokëzeza,
Tullacja
Ushtarë ilirë
Ushtarë romakë

Skenat

Skena e parë

(P*orta kryesore është e ndërtuar në të djathtë të skenës dhe para saj bëjnë roje dy ushtarë të Shpurës me përkrenare në kokë dhe heshtat e kryqëzuara. Flakadanët me dritën e tyre të zbehtë të japin përshtypjen se është buzëmbrëmje vonë. Përmes dritares vërehet dielli teksa perëndon. Tre zana futen duke kërcyer dhe formojnë në qendër të skenës një kor. Më e gjata është një vajzë me flokë të verdhë dhe sy të kaltër. Në duar mban një kupë kristali bosh. E dyta është një vajzë brune me flokët e bëra gërshet, e cila mban në duar një bucelë të mbushur me verë. E treta, më e shkurtër nga të parat është krejtësisht tullace. Në gisht ka vënë një unazë të stërmadhe floriri me një diamant në formën e kokës së gjarpërit. Të trija janë të veshura me dantella të mëndafshta dhe të tejdukshme. Zanat qëndrojnë para dy rojeve të Shpurës dhe fillojnë të kërcejnë, duke iu ledhatuar dy ushtarëve që ende qëndrojnë të ngrirë në pozicionin e tyre luftarak. E para e mban me kujdes gotën e verës lart në shenjë triumfi.)*

Ushtari i parë: Ku shkoni ju të trija?

Flokëverdha: Tek Mbreti!

Ushtari i parë: Kthehuni mbrapsht! *(I drejton heshtën në gjoks me vendosmëri. Maja e heshtës gati sa nuk shpon gjoksin e saj. Vajza flokëverdhë bën një hap prapa e ndrojtur.)*

Flokëverdha: Ngadalë me atë heshtë. Për pak desh më çpove.

Ushtari i parë: Si erdhët ju gjer këtu?

Flokëverdha: Na ka ftuar mbreti! A e shikon këtë gotë? *(I afron gotën e kristaltë para syve.)* Kjo është gota e mbretit! I shikon këto shenja këtu në fund? Kjo është emblema e mbretit. Ja dielli! Ja dhe dy gjarpërinjtë anash.

Ushtari i dytë: S'ka nevojë për shpjegime. E morëm vesh. Po ti me gërsheta ku shkon?

Flokëzeza: Edhe unë me të. Ku të shkoj vetëm? (I buzëqesh ëmbël.)

Ushtari i dytë: E çfarë e ke atë bucelë në dorë?

Flokëzeza: Po bucelë është...

Ushtari i dytë: (E ndërpret me ashpërsi) E mora vesh se çfarë është! Për çfarë e ke marrë me vete?

Flokëzeza: Kam sjellë një verë shumë të rrallë për mbretin! E kam bërë nga rrushi më i mirë, që gjendet në të gjithë Ilirinë. Im atë e zjeu rrushin vetë në shtëpi. I kemi hedhur erëza aq të rralla dhe ka një shije aq të mirë, sa kur ta provojë mbreti, ka për të mbetur i mahnitur.

Ushtari i parë: Mjaft! Ma jep bucelën ta shoh. Mos është edhe kjo bucelë e mbretit?

Flokëzeza: Nëse do që të gjesh shenjat e mbretit, i ke të gdhendura këtu në fund. (E ngre bucelën lart.) Ja dielli! Ja dhe dy gjarpërinjtë që e vënë në mes.

Ushtari i parë: Ka vërtet verë brenda apo ndonjë lëng me helm?

Flokëzeza: Ua, ç'është ajo që thua?! A ke dëshirë ta provoj para syve të tu?

Ushtari i dytë: Provoje!

(Zana flokëverdhë i ofron gotën e kristaltë, duke e mbajtur ende në duar. Flokëzeza derdh pak verë nga bucela dhe pa e lëshuar bucelën në tokë, merr gotën dhe e vë në buzë.)

Ushtari i dytë: (E urdhëron me ashpërsi) Ktheje! Pije të gjithën!

(Flokëzeza e vë në buzë me delikatesë dhe e pi ngadalë. Ndërsa e kthen të gjithën, i shkel syrin ushtarit dhe fshin buzët me majën e gjuhës. Flokëzeza nxjerr një klithmë kënaqësie dhe merr gotën përsëri për ta mbushur, por Flokëverdha ia heq me forcë nga dora.)

Flokëverdha: Çfarë bën ti moj? Mos luajte mendsh? Mbreti po na pret!

Flokëzeza: (E çuditur për një moment) Ah, po, mbreti!

Ushtari i parë: Në rregull! Qenkësh verë e shijshme ajo që keni sjellë. Po ti tullace, çfarë ke me vete?

Tullacja: Unë? Asgjë! (Mbledh duart me kujdes, duke mbuluar unazën!)

Ushtari i parë: (E kap me forcë nga duart. Ia hap me forcë) S'paska gjë. Ku thatë që do të shkoni ju?

Tullacja: (E tulatur) Tek mbreti!

Ushtari i parë: Prisni këtu! Do të hyj brenda e do ta pyes! (Ushtari i parë hyn brenda. Të trija zanat fillojnë të kërcejnë e këndojnë në kor.)

Kori: Ne jemi tri zana të Ilirisë/ Më të ëmblat e Dardanisë, Epirit e Dalmacisë. / Ne shtijmë fall, /Shohim të ardhmen e Teutës, / Kësaj zonje të rëndë, /Shëmbëlltyra e më të bukurës.

/ Eshtë ajo që mbretin do të dashurojë/Vetë ka për të marrë/ Fronin të mbretërojë/ Teuta do të udhëheqë /Ilirinë në luftë/ por Cezar Augusti/ Në fund do ta mundë /E kush është më trime/E më e bukur se Teuta? / Askush si ajo/ Nuk i fitoi luftërat.

(Zanat ngushtojnë rrethin përqark ushtarit të dytë, i cili u drejton ushtën për t'i larguar. Ushtari i dytë nuk u beson dot syve dhe zmbrapset disi. Në skenë hyn ushtari i parë me një shprehje të gëzuar në fytyrë.)

Ushtari i parë: Lëri të hyjnë! I thashë mbretit që tri vajza i kanë sjellë një verë të rrallë për ta provuar dhe ai e dha menjëherë pëlqimin.

(U bën me shenjë të hyjnë brenda. Të trija zanat hyjnë njëra pas tjetrës në skenë, disi të ndrojtura, duke parë herë herë nga ushtarët.)

Skena e dytë

(*P amje nga dhoma mbretërore në kështjellën e Shkodrës. Mbreti Agron dergjet në shtratin martesor. Pas tij është një dritare, përmes së cilës audienca mund të shikojë muret rrethues të kështjellës.*)

Agroni: Oh ju zana! / Pse vini nga ëndrra? /Lërini ato këngë trishtimi/ E me trupat tuaj më mbështillni, / Më këput mesi, / E kockat më shpojnë, /Balli po më nxeh, / E këmbët po më rëndojnë.

Kori: Lartmadhëria juaj! /"Lamtumirë" na thuaj,/ Se në gjumë të thellë,/ Do të biesh brenda,/ Prej dorës së asaj,/ Që s'ta merr mendja.

Agroni: O zanat e Ilirisë/ Pse ma zaptoni shtratin/ Me krahët e marrisë! Nëse kjo do të ishte, / Tradhtia e fundit, / Krah hapur ju pres, / Para gjumit!

(Agroni ngrihet përgjysëm nga shtrati, duke mbështetur bërrylat mbi shtrat)

Luftërat kundër burrave/ I kam fituar, / Kam humbur gjithnjë, / Kur ndeshem me një grua. / Zemra më ka lënë, / Djersët rrjedhin lumë/, Bëra dashuri,/ Me fantazmat në gjumë.

Flokëverdha: Mbylli sytë, mbreti im! Tani ke për të provuar verën më të shijshme dhe më të rrallë në të gjithë botën!

Agroni: Verën më të shijshme? E ku është zier kjo verë?

Flokëzeza: Në shtëpinë time! Bistakët e rrushit i mblodha vetë me dorë enkas për Ju, Lartmadhëri!

Agroni: Oh, jam shumë i nderuar! Pa ma mbush një gotë! (Flokëverdha ia afron gotën Flokëzezës, e cila derdh disa pika nga bucela në gotë. Agroni e pi me fund dhe shtriqet nga kënaqësia) Oh, çfarë vere! Më hidh prapë! (Flokëverdha e mbush përsëri nga bucela e Flokëzezës, ndërsa Tullacja fërkon me ndrojtje kokën e unazës. Agroni pi disa gota njëra pas tjetrës dhe dalldia e verës i bie në kokë. Mbërthen Flokëverdhën nga krahët, e cila e shtyn me delikatesë. Tullacja hap kokën e unazës dhe hedh me kujdes helmin në gotën e verës. Flokëzeza avitet gjysëm lakuriq dhe ia vë verën mbretit në buzë. Agroni e pi të gjithën dhe ngjesh fytyrën e lodhur në gjoksin e bëshëm të Flokëzezës.)*

Flokëzeza: Tani nuk ka mundësi të të shpëtojë askush. Ky është fundi.

Agroni: Po më merren mendtë! Po më vjen bota vërdallë.

Tullacja: Tani është vonë për Ty dhe për Mbretërinë tënde.

Flokëverdha: Pa ty Iliria ka për t'u zhdukur nga faqja e dheut.

Kori: Nuk ka për të të shpëtuar dot as hija e Hyllusit, sunduesit të parë të Ilirisë.

Tullacja: Sikur të gjithë luftëtarët të mprehin shpatën, askush s'e shpëton dot mbretërinë dhe kurorën. (Dëgjohen hapa që afrohen.) Dikush po vjen! Të ikim sa më shpejt!

(Dalin njëra pas tjetrës me shpejtësi nga skena, duke parë nga të gjitha anët. Teuta hyn në dhomë dhe shikon rreth e përqark e habitur. Shikon Agronin, në gjendje gati të fikët. Merr në dorë gotën dhe bucelën, pastaj e lë përsëri mbi shtrat.)

Teuta: Prapë ka pirë! Përsëri ndonjë orgji tjetër! (ofshan e zemëruar) Ufff!

Agroni: Teutë, po vdes! (Mbyll sytë. Teuta lë mënjanë zemërimin dhe i afrohet e shqetësuar.)

Teuta: Agron! Agron! Oh çfarë po më shohin sytë! (I çjerr faqet me thonj dhe shkul flokët si e luajtur mendsh) Pse nuk flet, Agron? Më thuaj, çfarë ka ndodhur?

Agroni: Teuta! Po më merren mendtë. Ky është fundi.

Teuta: Më thuaj çfarë ndodhi? Kush ishte këtu?

Agroni: Ishin tri vajza! Më sollën një verë të rrallë për ta provuar! Më duket se më kanë helmuar!

Teuta: Ah vdeksh, oh zot!

Agroni: E di! E shkela!

Teuta: Se mos është hera e parë! M'i lër duart të t'i prek. (Ia prek duart) Pse i ke kaq të nxehta? Po balli pse të djersitet? Oh zot, më ndihmo!

Agroni: M'i fal mëkatet, Teutë.

Teuta: Ah, e di unë se çfarë do ti! Të të lë të vdesësh!

Agroni: Këtë rradhë jam keq!

Teuta: Uff, ç'na bëre! Mos fol! Të thërresim një mjek! Roje! (Thërret me sytë nga porta. Hyn njëri nga rojet e Shpurës.) Mbreti është keq! Të lajmërohet një mjek të vijë sa më parë!

Ushtari: (Përkulet me respekt) Menjëherë, mbretëreshë! (Largohet me shpejtësi. Teuta i fërkon ballin dhe qan në heshtje)

Agroni: Dua të vdes në paqe!

Teuta: Mos fol, se harxhon fuqi! Po pres të vijë mjeku!

Agroni: (Flet përçart) Merre fronin! Në këtë mënyrë... shkoj pas traditës sonë ilire, që kur burri vdes, gruaja i zë vendin në krye të oxhakut.

Teuta: Nuk më duhet froni! E çfarë do të bëj unë pa ty?!

Agroni: (Kap kokën me duar) Ti je grua e fortë! Kush ma bëri këtë vallë? Kush donte të më hiqte qafe?!

Teuta: (Shikon e shqetësuar në drejtim të portës, por prej andej nuk hyn askush.) Edhe në çastet më të fundit, ende nuk po marr vesh se çfarë po ndodh. Si është e mundur të më vdesësh kështu para sysh? Nuk më besohet.

Agroni: Teutë! Më vjen mirë që ta mësova shpatën. A e mban mend ushtrimin e fundit? Tehu i shpatës tënde më çau thellë e unë përpak desh vdiqa. Ishte një goditje aq e fortë dhe sytë i kishe plot me një dëshirë të tërbuar, që s'mund ta quaja gjë tjetër, veçse urrejtje për armikun.

Teuta: Mos fol!

Agroni: Ti ke qenë ëndrra për cilindo princ ilir.

Teuta: E di, prandaj bridhje sa të mundje!

Agroni: ... E megjithatë, unë fitimtari i këtij trofeu, sa e kisha në dorë nuk ia dita vlerën.

Teuta: Mos fol! Mundohu të qetësohesh!

Agroni: Po më merren mendtë e s'di ku jam, këtu apo në botën tjetër. Sikur ta parandjeja. Mbrëmë pashë një ëndërr.

Teuta: Çfarë ëndrre?

Agroni: Perandori Hyllus m'u shfaq para syve i veshur i tëri në ar, ndërsa fluturoi deri tek unë, duke u kapur fort në krahët e një shqiponje me dy koka. Ndaloi para këmbëve të mia e m'u lut që të shpëtoja atdheun.

Teuta: Po pastaj çfarë ndodhi? (I ulet në gjunjë dhe i mban të dyja duart e Agronit në të sajat.)

Agroni: Hyllusi po mundohej që të më bënte të qartë rreziqet që po i kanosen Ilirisë. Tokat tona po sulmohen nga të gjitha anët. Etolët po na mbysin anijet në det dhe po ndërtojnë koloninë e Epidamnusit në breg. E kanë rrethuar me mure të larta dhe tani po përzënë të tërë vendasit. Erdhën si miq, por nuk po ikin më.

Teuta: Po të ikësh ti, ku do ta gjejmë njeriun e duhur që mund t'i dalë zot popullit dhe vendit? A është vërtet e mundur që ti po na lë?

Agroni: (Kthehet me mundim nga Teuta.) Mbretëresha ime!

Teuta: A të të sjell një leckë të ftohtë ta vë mbi ballin që digjet? Çfarë do që të bëj? Pse nuk po vjen mjeku? A ka njeri që ta shpëtojë mbretin nga kjo sëmundje e rëndë?!

Agroni: Nuk ka më shpëtim. Damarët më janë ngushtuar. Fryma po më vështirësohet. Pamja po më erret ngadalë.

Teuta: Duro edhe pak! Mjeku po vjen!

Agroni: Dëshira ime e fundit është të shpëtoj mbretërinë nga pushtuesit.

Teuta: Mbretërinë nuk mund ta shpëtojmë dot pa ty! Qytetet e Apollonisë dhe të Bylisit po vuajnë nën thundrën e pushtimit.

Agroni: Më jep pak forcë nga forca jote. Më jep pak zemër për t'u ngritur nga shtrati i vdekjes e t'i hipi kalit të fitores. (Rënkon.)

Teuta: Po nuk u shërove ti, romakët do të marrin nën kontroll krejt detin Adriatik.

Agroni: Hip në fron, Teutë! Le t'i shpalosin velat anijet liburne. Le t'i ngrejnë flamujt dhe le të fillojë lufta. Të gjithë ju, edhe pa mua, ju pret veç fitorja.

Teuta: Bëj durim. Lajmërova të vijë një mjek!

Agroni: E meritoj të vdes. Nuk të kam çmuar aq sa duhet. Sa ishe imja, asnjëherë s'ta dita vlerën. Kam qenë i ftohtë me ty. Të kam thirrur mushkë shterpë që nuk pjell, se ti nuk ma lindje dot trashëgimtarin e fronit. Tani zotat sjellin hakmarrje mbi kokën time. Ndoshta ishte gabim që e kërkova trashëgimtarin nga një grua tjetër! Sot biri im Pimi është e vetmja shpresë për Ilirët.

Teuta: (Me nostalgji) Më vjen para syve dita e parë e martesës. Kisha kaq shumë siguri sa mendova se do të më mbaje në pëllëmbë të dorës. (Pauzë) Nuk ndodhi ashtu. Ti e shkele kurorën me gra të tjera. Bëre djalë me Anilën, kur e dije shumë mirë që ajo vinte nga një shtresë fare e ulët.

Agroni: Më duhej trashëgimtari. Kjo ishte e gjitha! Oh! E ndjej veten shumë të drobitur. Paskam qenë skllav i verës dhe i grave e i të gjitha pasioneve të tjera, që ua prishin mendjen burrave. Mbretëria po shkatërrohet dhe kjo ka për të ndodhur për shkakun tim.

Teuta: Mjaft mendove kështu.

Agroni: Mos më bëj me faj, Teutë, pse e desha një princ trashëgimtar. Iliria kish nevojë për një djalë tonin, po ti nuk mund të ma jepje.

Teuta: Të kuptoj!

Agroni: Nuk po them krejt ashtu, por di të them, që gjithnjë të kam dashur. Ti ke qenë ëndrra ime e parë, megjithëse kam qenë i detyruar të kisha një djalë me grua tjetër. (Agroni flet në delir). Lëkura jote borë e bardhë, sytë plot dritë e ëmbëlsi, buzët e tua flakë si luleshtrydhe e gusha jote e butë. Luajta me pafajësinë tënde si deshta. Etjen time të nxehtë si zjarri verbues mundet ta shuajë vetëm një grua. A mundesh të më falësh? Fale burrin tënd që të ka dashur aq shumë sa askush tjetër. A mundesh të më shohësh drejt e në shpirt me atë ëmbëlsi që më ke parë gjithmonë?

Teuta: Po dëgjoj hapa! Më duket se po vjen mjeku!

Agroni: Ç'ka mund të bëj që të më falësh? Kam nevojë për ty. Afrohu, pse më ikën ashtu? (Fillon të vjellë. Teuta i afrohet dhe përpiqet ta ndihmojë, duke i afruar një kovë dhe duke i mbajtur kokën me të dyja duart. Agroni dridhet i tëri dhe humb ndjenjat.)

Mizanskenë

(Flokëverdha, Flokëzeza dhe Tullacja ecin ngadalë në korridorin e kështjellës. Afrohen me fshehtësi pranë dhomës ku fle Princ Pimi. Pimi sapo është zgjuar nga gjumi dhe po vesh rrobat)

Flokëverdha: (E veshur si shërbëtore) E more vesh ti? Mbreti nuk ndjehet mirë!

Flokëzeza: (Përsërit qëllimisht) Nuk është mirë? Pse çfarë ka ndodhur?

Tullacja: Dëgjova që mbreti ka pirë aq shumë verë mbrëmë, sa është duke vdekur!

Flokëzeza: Ua, ç'thua kështu moj?!

Tullacja: Kam edhe një gjë tjetër më të madhe, që e mora vesh...

Flokëverdha: Pa hë, na thuaj.

Tullacja: Mbretëresha nuk është e ëma e vërtetë e Pimit.

Flokëverdha: Po kush është?

Tullacja: Është Anila! Teuta nuk bënte dot fëmijë, ndaj dhe mbreti u detyrua që të ketë një trashëgimtar me grua tjetër.

Flokëzeza: Ku është Anila tani?

Tullacja: E kanë degdisur në kthinën më të largët të kështjellës dhe e trajtojnë si një shërbëtore të thjeshtë.

Flokëverdha: Sikur të ishte robinjë, thuaj!

Tullacja: Po, sikur të ishte plaçkë e kapur në luftë. Sapo lindi Anila, Mbretëresha këmbënguli që e ëma e princit në mos të largohej nga kështjella, të paktën të mos u dilte para syve.

Flokëverdha: Sa shpirtligë që paskësh qenë!

Tullacja: Shumë shpirtligë!

Flokëzeza: Edhe fshatarët më të rëndomtë kanë më shumë shpirt e më shumë bujari! Ku e gjen mbretëresha gjithë këtë ligësi?

Flokëverdha: As unë nuk e kuptoj!

Tullacja: Princi do të rritet shumë shpejt dhe do ta marrë vesh se cila është e vërteta.

Flokëzeza: Patjetër që do ta marrë!

Tullacja: Koha nuk pret gjithsesi! Shumë ujë do të rrjedhë gjer atëherë.

(Largohen ngadalë nga skena. Pimi i ndjek me sy i habitur dhe nxiton të veshë rrobat. Është skuqur në fytyrë dhe gati sa nuk shpërthen në dënesa. Dy ushtarë ilirë i pikasin të trija vajzat dhe vrapojnë pas tyre.)

Skena e tretë

(Njësoj si në skenën e parë. Salla mbretërore. Agroni ndodhet në grahmat e fundit të jetës. Është pa ndjenja. Teuta i rri pranë me kokën ulur. Kërcet dy gishta dhe brenda hyjnë dy rojet e Shpurës.)

Teuta: Ushtarë! E dini pse ju kam thirrur?

Ushtari i parë: Jo, Shkëlqesa juaj!

Teuta: Kush u dha lejë tri vajzave të panjohura për të takuar mbretin?

Ushtari i parë: Vetë mbreti i ftoi brenda, Shkëlqesa juaj!

Teuta: A mund të na japësh disa tipare të përgjithshme, se si dukeshin?

Ushtari i parë: Po zonjë! Ajo më e gjata ishte flokëverdhë. E dyta ishte disi më e shkurtër dhe kishte dy bishtaleca të zinj. E treta ishte tullace.

Teuta: Sa kohë ndenjën në dhomën e mbretit?

Ushtari i parë: Nuk e dimë kohën e saktë, por ndenjën për një kohë të gjatë, derisa erdhët ju!

Teuta: A i keni parë se nga ikën?

Ushtari i parë: Nuk i vumë re!

Teuta: Si ka mundësi?

Ushtari i dytë: Mbase kanë dalë nga porta e pasme. Rojet e natës i kanë parë pranë dhomës së Pimit dhe i kanë ndjekur mbrëmë vonë, pas mesnate. Jemi ende në kërkim.

Teuta: Dyshohet se ato të trija kanë helmuar mbretin. Bëni sytë katër dhe mos lini asnjeri që të vijë pa dijeninë tonë.

Ushtari i dytë: Si urdhëron, zonjë!

Teuta: Mund të largoheni! (Ushtarët dalin. Teuta flet me vete.) Nuk e di si do të shpëtojmë nga kjo rrëmujë e rradhës. Sido që të jetë, ti je mbreti i Ilirisë dhe burri im! (Papritur Agroni përmendet)

Agroni: Ma sillni Pimin këtu. Dua ta shoh për herë të fundit.

Teuta: Lereni princin të vijë. (Agronit) Ku është mjeku? Pse po vonohet?

(Ndërkohë hyn Pimi)

Pimi: Baba! (Përqafon të atin.)

Agroni: Mos qaj, bir! Ngrije kokën lart e qëndro krenar. Ti ke për t'u bërë së shpejti mbreti i Ilirisë. Unë po shkoj!

Pimi: Baba, ku do të shkosh?

Agroni: Kam për të ikur shumë larg, atje ku na presin të parët, por do ta marr imazhin tënd në zemrën time.

Pimi: Të lutem baba, mos shko! Dua që të rrish këtu me ne. Unë, ti dhe nëna. Pashë një ëndërr mbrëmë, sikur po vrapoja mbas teje në errësirë. Më zuri frika.

Agroni: Pim, duhet të sillesh si burrë! Kurrë s'duhet të kesh frikë. Fshiji lotët. Princat e Ilirisë nuk qajnë. Pa shih nga dritarja sa e gjerë dhe e bukur është mbretëria jonë. Deri atje në horizont, ku toka puthet me qiellin, deri atje shtrihet toka e ilirëve. Ata i kanë tokat e tyre në të dy brigjet e Adriatikut dhe buzë Jonit. Ti do të jesh sundimtari i gjithë këtyre hapësirave. Ti do të jesh mbreti që na duhet.

Teuta: Pim, përqafoje babin dhe shko. Ai po niset për një rrugë të gjatë.

Agroni: Pëllumbi im, dëgjoje nënën. Kur të rritesh, mos dëgjo se çfarë thonë armiqtë e tu. Do të lutem për ty, kudo që të jesh.

Pimi: Ba, nuk dua që të shkosh. Kush do të më bëjë ushtrime me shpatë? Kush ka për të më mësuar si të bëhem mbret?!

Agroni: Teuta, nëna jote. Ajo do të mësojë.

Pimi: Teuta? Ajo nuk është nëna ime!

Teuta: Ç'janë janë këto fjalë vrastare, mor bir?

Pimi: Dy shërbëtore po pëshpërisnin mbrapa derës sime. Dëgjova njërën prej tyre të thotë që ti nuk je nëna ime dhe që babai është duke vdekur.

Teuta: Unë jam nëna jote. Ndoshta je i lodhur dhe ke dëgjuar shpirtrat e këqinj! Ik, bir! Babai është i lodhur e ka nevojë të flerë.

Agroni: Bir! (Agroni bie në agoni. Dy ushtarë marrin Pimin me vete. Ai kthen kokën pas për të marrë vesh se çfarë po ndodh. Teuta nuk e mban dot më veten dhe shpërthen në lotë.)

Teuta: Agron! Agron! (Papritur hyn mjeku i shoqëruar nga dy ushtarë. Ai i hap kapakët e syve me gishta dhe i vë veshin mbi krahëror. I mat pulsin e dorës me mollëzat e gishtave dhe tund kokën me dëshpërim) Hë, çfarë ka?

Mjeku: Nuk di çfarë të them! Kam frikë se nuk ka shpresë shpëtimi!

Teuta: Nga se mund ta ketë?

Mjeku: Ka shenja helmimi! Kush ishte këtu para se të vdiste?

Teuta: Sipas rojeve ishin tri vajza që i sollën një broke me verë.

Mjeku: Të gjenden tri vajzat! Vetëm ato e ruajnë sekretin.

Teuta: Me vullnetin e zotit, do t'i gjejmë!
(Psherëtin thellë. Teuta shpërthen në dënesë. Klithma e saj mbush dhomën
mbretërore. Bien perdet.)

Skena e katërt

(Enkeleu, Ardiani dhe Dhimitri para dhomës së mbretit presin me shqetësim se çfarë do të ndodhë.)

Enkeleu: Po vdiq mbreti, morëm fund. Mori fund edhe Iliria.

Ardiani: S'ma merr mendja. Unë i besoj shpatës dhe forcës së krahëve të mi. Sytë më shohin fare qartë. Fara e Ardianëve kurrë s'do të humbë.

Enkeleu: Po i lutemi Hyllusit, stërgjyshit tonë të na mbrojë.

Dhimitri: Fatkeqësitë do të na pllakosin njëra pas tjetrës. Diçka shumë djallëzore dhe e shëmtuar po ndodh. Jemi në një rrezik të madh.

Enkeleu: Mbreti ishte mirë dje. Ai bëri një dyluftim me mua në fushim dhe më mundi.

Dhimitri: Dikush ka bërë ndonjë poshtërsi. Mbreti është helmuar. Eshtë e pamundur që një burrë i madh si ai të bjerë kaq papritur. Dielli nuk ka perënduar ende dhe ja, ai ka mbyllur sytë përgjithmonë. Do të jetë një plan djallëzor për ta hequr qafe e për t'i marrë fronin. Mbretëresha jonë e nderuar duhet të dijë diçka për këtë.

Enkeleu: Mjaft! Mos u merr me llafe si gratë e këqija. Nuk i kanë hije një princi të Ilirisë. Nëqoftëse mbreti është goditur nga ndonjë sëmundje dhe nuk gjejmë ndonjë ilaç këtu, atëherë duhet të dërgojmë njerëz ta gjejnë këtë ilaç që mbreti të shërohet.

Dhimitri: Mendoj se është shumë vonë për të kërkuar ilaç. Këtë e ka kurdisur mbretëresha. Do jetë hakmarrë për prapësitë që i ka bërë i shoqi. E ka helmuar në shtratin e tyre martesor. Pikërisht në atë shtrat që ai vetë e ka përdhosur.

Ardiani: S'ka më drejtësi.

Enkeleu: Ç'janë këto fjalë të pahijshme për mbretëreshën tonë? Fqinjët po na sulmojnë si ujq nga të katër anët dhe do të na shkatërrojnë plotësisht. Erdhëm për të folur me mbretin, por ai nuk është në gjendje të flasë. Kush do të na udhëheqë?

Ardiani: Armiku ka ardhur në breg. Anijet liburne janë sulmuar nga romakët. Tregtarët piratë po hyjnë në brigjet tona dhe po rrëmbejnë gratë. Ata nuk duan që ne të bëjmë tregëti në tokën tonë.

Dhimitri: Nuk po marr vesh, përse po presim? Nëse nuk ka asnjë mundësi për ta takuar mbretin, për arsye se ai është pa ndjenja, atëherë si duhet të kundërveprojmë? Kush do të na udhëheqë në vend të tij? Eshtë përgjegjësia jonë që të ngremë lart shpatat dhe të drejtojmë luftën.

Ardiani: Nuk kemi ardhur për këtë punë. Shohim një herë, a na e kanë nevojën apo jo?!

Enkeleu: S'ma merr mendja që ai ka vdekur. Dua ta shoh me këta dy sy. Si tani e kam para sysh në fitoren që korrëm në Gjirin e Artës. Flamujt e Ilirisë u valëvitën krenarë. Ende shikoj skllevërit, ndërsa qajnë nga gëzimi e ulen në gjunjë para mbretit. Kishin zinxhirë në kyçet e këmbëve dhe të duarve, por zjarri që ndezi Agroni i Madh u shndriste sytë.

Dhimitri: Etolët kundërsulmuan me shpejtësi. Gëzimi i ilirëve nuk zgjati shumë. Tashmë Arta është përsëri e pushtuar.

Enkeleu: Ata mund të sulmojnë Ilirinë, por ne s'duhet të dorëzohemi. Etolët do t'i përzëmë përsëri.

Dhimitri (Duke parë nga qielli): Hëna është e plotë sonte. Kjo është shenjë e keqe, që tragjedia po afron. Do të ndodhë diçka që mund të ndikojë edhe brezat e ardhshëm. E kam si tani parasysh: Burrat më trima do të presin mustaqet për t'u udhëhequr nga fustani i një gruaje.

Enkeleu: Kjo është ajo që të thonë zanat ty?

Dhimitri: Dëgjomë me kujdes. Teuta do të hipë në fron sapo të ngryset. Duart e saj u ngjyen me gjakun e Agronit.

Enkeleu: Truri yt është si një varkë që lëkundet pa drejtim në det nga erërat e forta. Mendja jote është si një gjethe që era e përplas gjithkund dhe më në fund e rrëzon përtokë, atje ku e ka vendin.

Dhimitri: Po më detyron të mos flas më. Të fshehtat e mendjes i nxjerr gjithnjë vera. E çfarë mund të thotë njeriu kur është esëll, kur gjuha bëhet gur? Zoti na bekoftë me sa më shumë verë.

Enkeleu: Për vete do të jem besnik i familjes së mbretit. Mbretëresha do të ketë besën time.

Ardiani: Unë jam ushtar. Nëqoftëse mbretëresha më urdhëron të shkoj në luftë, do të luftoj derisa të vritem. Armët tona janë nën shërbimin e saj. Eshtë ligj që kur mbreti vdes, mbretëresha hipën në fron.

Dhimitri: Mbreti vdiq pas një veprimi djallëzor. Ai është helmuar.

Enkeleu: Kush e ka helmuar? Ti nuk ke dhunti të mbinatyrshme të shohësh gjëra që askush s'i pa.

Dhimitri: Unë po të them që je ti i verbër nga pasioni për atë grua dhe nuk zbulon se çfarë djalli është ajo! Nuk e ke harruar faktin që Agroni ta mori të dashurën e zemrës dhe s'do që të besosh asgjë që tingëllon e keqe për të. Ajo është grua dhe për këtë arsye nuk mundet të na udhëheqë në luftë apo në fitore. Toka jonë dhe populli ynë do të zaptohen nga armiqtë.

(Enkeleu ngre shpatën)

Enkeleu: Betohem për zotat se do të të vras me dorën time për shpifjet që po i thur mbretëreshës. Do kesh ndonjë gjarpër në bark, prandaj i ke fjalët me helm.

(Ardiani ndërhyn, ndërsa dëgjohen klithmat e Teutës që nga jashtë skenës).

Ardiani: Shshsht! Mbani qetësi!

Zëri i Teutës: Mbreti vdiq! Oh! Mbreti Agron ka mbyllur sytë përgjithmonë!

Ardiani (shikon jashtë skenës): Pa shih! Po çjerr faqet me thonj e po

i shqyen rrobat që ka veshur.

Enkeleu: Nuk po më besohet! Mbreti vdiq.

Ardiani: Lavdi mbretëreshës! Qysh sot le të na prijë!

Enkeleu: (Pëshpërit) Duhet të nderojmë sundimtarin e ri! Një grua! (I rrënqethen shpatullat dhe thërret fort.) Duhet të brohorasim: Rroftë Mbretëresha!

Skena e pestë

(Teuta hyn në skenë. Duket krejtësisht e shfytyruar. Ardiani ulet në gjunjë para saj.)

Ardiani: Mbretëresha jonë! Sot të shpallim ty sundimtare dhe udhëheqëse. Për vete jam princ, por në rradhë të parë jam ushtari yt deri në vdekje. Ti je komandantja jonë që do të na udhëheqë në fitoret e të gjitha betejave.

Dhimitri: (Me zë të sforcuar) Lavdi mbretëreshës. (me vete). Delet më në fund gjetën bariun. Tani për tani po i bashkohem kopesë.

Ardiani: Mbretëresha ime! Jam nën urdhërat e tua. Na thuaj çfarë të bëjmë?

(Teuta nuk flet. Një hije e rëndë i ka mbuluar fytyrën. Duart i dridhen nga emocionet.)

Teuta: Mbretin e kanë helmuar!

Enkeleu: E kanë helmuar?!

Teuta: (Sheh me neveri nga Dhimitri.) Ishin tri vajza që i kishin sjellë një verë të rrallë për ta provuar! Njëra ishte flokëverdhë, tjetra, një flokëzezë dhe e treta ishte tullace. A di gjë ti Dhimitër se kush i solli këto tri vajza në dhomën e mbretit?

Dhimitri: (Flet me vete) Jo, nuk di gjë!

Teuta: Ju betohem se do ta gjej shumë shpejt se kush e ka helmuar mbretin! Enkele, rretho kështjellën sa më shpejt që të jetë e mundur dhe blloko të gjitha hyrjet e daljet. Të trija këto vajza duhet të kapen me çdo kusht! Ato ruajnë sekretin se kush i urdhëroi për të helmuar mbretin. (Nuk ia heq sytë Dhimitrit.)

(Klithmat e grave dëgjohen nga prapaskena. Thirrja e një lajmëtari oshëtin në hapësirë.)

Zëri i lajmëtarit: Eheeeej! Ka vdekur mbreti Agron, more heeej! Ka vdekur mbreti!

(Enkeleu merr qëndrim gatitu.)

Enkeleu: Si urdhëron, mbretëreshë! Po shkoj të bëj gati Shpurën e Mbretit dhe po rrethoj kështjellën.

(Në skenë mbeten ballë për ballë Teuta dhe Dhimitri.)

Teuta: Unë e di shumë mirë se kush e ka bërë! Kur të kap ato tri vajza, miu që i urdhëroi, të gjejë vrimë e të futet!

(Del. Dhimitri mbetet vetëm në skenë krejtësisht i hutuar.)

Dhimitri: Tani do të më duhet të rrëzoj Teutën nga froni dhe të vetëshpallem mbret. Teutë, ti një ditë do të më ulesh në gjunjë dhe do të jesh nën urdhërat e mia. A e harrove se çfarë më ke bërë kur ishim fare të rinj? Nuk ma pranove dashurinë dhe në vendin tim zgjodhe Agronin. Jo sepse atë ta donte zemra, por sepse kishte pozitën e mbretit. Tani do ta paguash atë zgjedhje të gabuar që bëre. Ja plani im: Në fillim do të të marr gjumin. Do t'ia bëj të njohur të gjithë botës se çfarë ke bërë dhe reja e thashethemeve ka për të sjellë rrëzimin tënd. Pastaj do të të marr djalin. Pimin nuk e ke lindur ti dhe ai do t'i kthehet nënës që e lindi dhe i dha gji. Në fund fare do të të marr fronin. Ke për të përfunduar si një zog i plagosur në mes të pyllit. E përfytyroj si do të përfundosh: e humbur dhe e vetmuar në ndonjë qeli romake.

(Mbyllen perdet. Dëgjohen zëra. Një grup luftëtarësh ilirë ecin me hap ushtarak në pjesën e prapme të skenës. Dëgjohet ritmi rreshtor i hapave të tyre në fillim i fuqishëm, pastaj sa vjen e venitet në errësirë.)

(Fundi i skenës së pestë. Bien perdet.)

Skena e gjashtë

(Anila hyn në kopshtin e mbretëreshës. Dhimitri i afrohet dhe e puth me afsh në buzë.)

Dhimitri: Zemra ime! (Tenton ta përqafojë, por ajo e shtyn duke parë rrotull gjithë frikë) Hë, po tani çfarë ka ndodhur?

Anila: Mos më prek! Nuk ndjehem mirë!

Dhimitri: (I fyer) Nuk po të marr vesh. Gjithçka e bëra për ty!

Anila: Për mua? Gjithçka e paske bërë për mua? Unë nuk të thashë që të helmoje mbretin!

Dhimitri: Shshsht! Mos e ngri zërin! (shikon rrotull) Pimi është biri yt. Ti e ke mbajtur në bark. Duhet ta marrësh tët bir e ta sjellësh në shtëpi.

Anila: Do ta marr prapë tim bir! Por kush do t'i thotë të vërtetën që unë jam nëna e tij natyrale? Si tani e përfytyroj atë moment kur do t'i them: "Unë jam nëna jote e vërtetë. Megjithëse nuk jam mbretëreshë, por thjesht një shërbëtore në kështjellë, kjo nuk e ndryshon dot të vërtetën që ti je im bir!"

Dhimitri: Duro dhe ca! Nuk ke për të qënë shërbyese tërë jetën. Me ndihmën time ke për të zënë vendin që të takon në historinë e Ilirisë. Të dy ne duhet të rrëzojmë nga froni Teutën.

Anila: Pra duhet të luftojmë kundër Teutës... Ka për të qenë shumë gjë e rrezikshme. Kjo është një ëndërr e pamundur.

Dhimitri: Jo, e dashura ime! Oborri mbretëror po gumëzhin nga thashethemet. Kam hapur fjalë se ishte mbretëresha jonë shembullore që i ka dhënë një gotë me verë mbretit. Fill pas kësaj ai ra në shtrat i sëmurë dhe nuk u ngrit më. Gjendja iu përkeqësua edhe më shumë, derisa humbi ndjenjat, por edhe në grahmat e fundit jepte e merrte si i çmendur.

Anila: (Sheh nga Dhimitri me shqetësim). Nuk ka dyshim që ajo e ka helmuar. Këtë gënjeshtër duhet ta besojmë vetë ne, të parët. Nuk e ka bërë askush tjetër përveç saj. Nuk priste dot ajo që të merrte hakë. Ajo e ka parë disa herë Agronin të vinte tek unë. Më urrente mua, por urrente edhe Agronin që kish nevojë për mua. Unë i jepja mbretit atë që i mungonte. Për këtë jam e sigurtë. E ka helmuar me helmin më vdekjeprurës që mund të mblidhet nga gjarpërinjtë.

Dhimitri: (I gjallëruar) Po, po! Ajo ia ka dëshiruar vdekjen sa herë që e shtynte të shkonte në luftë, por ai kthehej gjithmonë i gjallë dhe me fitore. Teuta nuk priste dot më sa të hipte në fron, prandaj e ka helmuar.

Anila: Duhet t'u mbushim mendjen njerëzve se "Teuta është një djallo grua dhe shumë e rrezikshme për ata që nuk arrijnë ta kuptojnë".

Dhimitri: T'u themi me zë të ulët se "Teuta është aq e bukur në trup dhe fytyrë, sa ç'është e shëmtuar në zemër. Vetë unë do t'i pëshpëris Shpurës së Mbretit se "e pashë tek shkonte drejt fronit me atë shprehje triumfi në fytyrë. Fytyra i shkëlqente nga forca e pushtetit. Qerpikët e gjatë si krahët e një dallandysheje fshihnin sekretet e shpirtit. U robërova nga ata sy si diamante kundër dëshirës sime. Duart e saj të bardha e delikate tashmë janë përlyer me gjakun e Agronit."

Anila: Kur e pe për herë të fundit?

Dhimitri: E pashë në një karrocë që tërhiqej nga dy kuaj aq të zhdërvjellët dhe elegantë, sa nuk m'i kanë zënë ndonjëherë sytë. Dy ushtarë mbanin kordhën e Agronit dhe i prinin karrocës. Të njëjtën shpatë, për të cilën ai ishte aq shumë krenar dhe që gjithnjë i dukej sikur i jepte forcë, por që ishte krejt një send pa vlerë atëherë kur i duhej.

Anila: Populli i pagdhendur duhet të marrë vesh vetëm një të vërtetë: "Vdekja i erdhi në mënyrë të errët dhe misterioze; kjo ishte e vërteta e pathënë, që folën muret dhe që u mor nëpër gojë nëpër qoshkat e asaj kështjelle të braktisur, të zaptuar nga hijet e fronit." Unë kam të drejtë të lakmoj fronin dhe jo ajo. Të drejtën për të marrë fronin e mbretit e ka vetëm Pimi, djali im.

Dhimitri: Kurora e mbretëreshës do të të ketë shumë hije. Trashëgimtari për Mbretërinë e Ilirisë lindi nga barku yt dhe vetëm për këtë e gjithë Iliria do të të ulet në gjunjë.

Anila: Dua ta shkatërroj, ashtu siç bëri ajo me jetën time. Dua t'ia nxjerr sytë me gishtat e mi, t'ia çjerr lëkurën dhe t'ia shtyp kokën me gurë, pasi ta vë poshtë këmbëve. Urrejtja ime për të është e përzier me ajrin që të dyja thithim. Sa për sy e faqe më duhet t'i bëj nderimet si mbretëreshë.

Dhimitri: Ta godasim në pikën e saj më të dobët.

Anila: Po unë s'di të mbaj shpatën akoma.

Dhimitri: Ka një armë më të fuqishme se shpata për ta goditur. Ti e ke këtë armë. Merre Pimin, mos e lër nën kujdestarinë e saj. Ai është i yti. Cilado që ka Pimin në anën e saj, e meriton të shpallet mbretëreshë e Ilirisë. Kjo ishte edhe një dëshirë e vjetër e mbretit, të cilën ai e pohoi me gojën e vet kur Pimi u lind.

Anila: M'u tha zemra për tim bir. Sa kam ëndërruar ta mbaj në krahët e mi, ashtu si dikur kur ishte vetëm një foshnje në gji. Dua t'i tregoj dashurinë e vërtetë të nënës. Sa kam qarë kur ma kanë shkëputur nga gjiri; m'u duk sikur kisha vdekur. Shumë shpejt ka për ta mësuar se kush është nëna e tij e vërtetë. Kur ta marrë vesh, ka për të ardhur drejt e tek unë.

Dhimitri: Kjo gjë mund të rregullohet. E kam parë disa herë princin të luajë vetëm në kopësht. Mund ta takosh atje. Mjafton të bëhesh e guximshme dhe t'i afrohesh.

(Ecin në krahun tjetër të skenës)

Anila: Vërtet mendon që gjërat të jenë kaq të thjeshta? Kam aq frikë sa nuk bëhet, pasi ti nuk do të jesh krah meje të më japësh kurajo dhe zemër.

Dhimitri: Planet më të mëdha fillojnë nganjëherë nga një ide fare e vogël. Tani ka ardhur koha për veprim. Mbreti vdiq dhe kur të merret vesh që dha shpirt nga duart e Teutës, atëherë ka për të vajtur aty ku nuk mban më. Mbaje mend se çfarë të them unë: ajo ka për t'u rrëzuar nga froni. Ti je nëna e vërtetë e Pimit dhe kur të kesh edhe djalin në anën tënde, pushteti do të vijë vetë tek ne.

Anila: Jam zhytur në këtë gjendje të pashpresë gjithë këta vjet. Jam nëna e vërtetë e mbretit të ardhshëm dhe vazhdoj të jem shërbëtore në kuzhinë, ndërsa shikoj tim bir kaq afër dhe larg.

Dhimitri: (E përqafon) Lermë të të puth. Do t'i ndreq të gjitha padrejtësitë që të janë bërë. S'ke për të vuajtur më nëpër skutat e kështjellës. Ke për të dalë para të gjithëve për të marrë vendin që të takon dhe do të thithësh ajrin e lirisë. (E puth)

Anila: Po sikur im bir të mos më pranojë? Kam frikë se s'ka për t'i pëlqyer fakti se kush është nëna e tij e vërtetë dhe mundet t'i vijë zor se kush jam unë dhe të më rrijë ftohtë. Mund edhe që të thërrasë rojet që të më kapin e të më plasin në qeli. Kam jetuar gjithnjë me shpresën se do të vijë dita që ai ta marrë vesh se jam nëna e tij e vërtetë, se do të më pranojë dhe më përqafojë. Gjithë këta vjet kam mbajtur me vete këtë baluke flokësh fare pranë zemrës. E preva nga flokët e tij, para se të ma merrnin nga gjiri. Ndërsa kjo është një pjesë e zorrës që ishte lidhur me kërthizën, kur e linda. Këto janë të gjitha ç'ka më mbeti nga vogëlushi im.

Dhimitri: Edhe këto pak gjëra, nëse arrin t'ia dëftosh, nuk do të ketë asnjë dyshim që ai ka për t'u ndikuar nga ato.

Anila: Ende i kam ruajtur pelenat, rrobat e para që veshi, të cilat i lanë pas si gjëra pa vlerë, kur ma morën. Ai i shikon këta dy luanë të vegjël të qepur në këtë shtrojë? Këto janë shenja që përdor fisi i Agronit.

Dhimitri: Këto duhet t'ia thuash Pimit. (Pauzë) Ah, pa shih kush po vjen. Eshtë i pashoqëruar nga askush. Unë po largohem. Duhet t'i flasësh patjetër.

Anila: Prit! Kam shumë frikë. Po sikur të më vënë re rojet që po i flas? Po sikur të më urrejë?

Dhimitri: Tregoji ato sende që më përshkrove mua. Së paku do ta marrë vesh se kush je. Të tjerat lërja rrotës së fatit. Së paku do të të njohë dhe ti do ta lehtësosh brengën tënde.

(Dhimitri largohet)

Anila (Me vete): Më duket sikur toka po hapet nën këmbët e mia e po kapem për flokësh me vdekjen. Ndiej gjakun të më rrjedhë nga hundët. Zota atje lart, çfarë mund të bëj? Kjo rrjedhje gjaku që m'u shkaktua nga ankthi nuk ka për të ndalur.

(Pimi hyn në skenë duke mbajtur një përkrenare romake në duar. E vëren me kujdes helmetën dhe flet me vete)

Pimi: Sa e çuditshme kjo përkrenare romake. Eshtë e shpuar tejpërtej nga një shigjetë ilire. Nuk arriti dot të mbronte kokën e luftëtarit të huaj!

Anila: (I afrohet me ndrotje.) Kjo përkrenare nuk është lodër për fëmijë. Në fakt duhet të të fuste frikën.

Pimi (Sheh nga ajo): Kush jeni që më flisni? Kush po flet me mua me këtë zë kaq të ëmbël? Pse po e mbulon fytyrën moj zonjë? Oh, pa shih! Po të rrjedh gjak nga hundët. Mos je gjë e plagosur? A do që të thërras dikë për ndihmë?

Anila: Jo, jo, mos thirr askënd. Nuk jam e plagosur. Gjaku më rrjedh nga hundët sa herë që ndihem e frikësuar.

Pimi: (I ofron shaminë e vet) Merre qe të ndalosh sadopak gjakun.

Anila: Nuk kam gjë, bir! (Heshtje) A je ti Pimi, djali i Agronit?

Pimi: Po, unë jam!

Anila: Pra, ti je i biri i mbretit, princi që do t'i zërë vendin babait dhe që do të vërë një ditë kurorën mbi krye.

Pimi: Nëna ime është ulur tashmë në fron, në vend të babait.

Anila: Oh, vogëlushi im! (Anila merr frymë thellë) Ka ardhur koha të të zbuloj të vërtetën, para se ngërçi i frikës të më mbyllë gojën përsëri. Nëna jote e vërtetë është këtu, para syve të tu, me lotë në sy e zemër të thyer, që nga ajo ditë kur të rrëmbyen nga krahët e mi. Kam jetuar deri më sot me të vetmen shpresë se do të vinte një ditë si kjo, që e vërteta do të dilte në shesh. Se do të vinte ajo ditë që do të qëndroja para teje, si nëna para birit të vet dhe do të të mbaja në krahët e mi përsëri.

(Ngre krahët dhe i afrohet për ta përqafuar, por Pimi qëndron ende i ngurtë, pa e marrë veten nga ajo çka ka dëgjuar dhe bën një hap prapa për ta shmangur)

Pimi: Nuk e kuptoj se çfarë po thoni, zonjë? Ju jeni nëna ime? Atëherë, ata dy shërbëtorët kishin të drejtë kur thanë që "nëna ime e vërtetë nuk është mbretëresha"! Pra ti një shërbëtore, je nëna ime? Këtë deshe të më thoshe?

Anila: Këtë desha të thosha, por fati djallëzor ma ka mohuar vazhdimisht. Ma ka mohuar krenarinë e të qënit ilire dhe veçse jam zhytur gjithnjë e më thellë në këtë gjendje varfërie. Unë jam nëna jote. Mbase nuk rrjedh nga një fis i pasur dhe i dëgjuar, por ama kisha një familje të respektuar. Unë kisha fatin e mirë apo të keq të sillja në jetë një princ, mbretin e ardhshëm. Megjithëkëtë, prapë nuk lejohem të hipi në fronin e mbretëreshës. A e shikon këtë trastë të vogël prej lëkure?

Pimi: (I habitur afrohet edhe më dhe i ngul sytë trastës.) Po, e shikoj!

Anila: Këtë trastë e mbaja gjithmonë me vete si një kujtim shumë të vyer. Këtu kam të mbështjellë një copë zorrë, që të lidhte Ty me barkun tim për të të ushqyer.

Pimi: Nuk po të kuptoj. (I tronditur tenton të afrohet edhe më, por Anila bën një hap pas.)

Anila: Kjo copë zorre është lëkura jote. E kam ruajtur si gjënë më të shtrenjtë që nga dita kur linde.

Pimi: Si është e mundur? Nuk po kuptoj asgjë.

Anila: A i shikon këto pelena, këto rroba me përmasa kaq të vogla? (Anila nxjerr një palë tirqe të përmasave shumë të vogla dhe një xhamadan të vockël të qendisur me fije blu, të kuqe dhe të verdhë.)

Pimi: (Afrohet edhe më. Anila merr guximin t' i afrohet princit. I jep tirqet e vockla, që Pimi t'i mbajë për pak çaste. Pimi i prek me habi, pa ditur sesi të përgjigjet.)

Anila: I kam ruajtur si dritën e syve gjithë këta vjet. Që atëherë nuk të pashë më, por nuk të kam hequr nga zemra. Mbreti nuk mund të arrinte deri aty sa të më shkulte ty nga shpirti dhe mendja ime.

Pimi: Nëna ime më tha që ka shumë njerëz të këqinj aty pari që duan të përhapin gënjeshtra. Nëqoftëse ti je nëna ime, atëherë pse më braktise? Pse babai të katandisi në një copë shërbëtore shtëpie?

Anila: Mbreti ishte i martuar me Teutën, zonjën e parë, por ajo nuk mund të bënte dot fëmijë që të trashëgonte fronin. Familja mbretërore vendosi që të gjente një grua tjetër për të siguruar princin trashëgimtar. Mbreti urdhëroi lajmëtarët të bënin me dije popullin që familja mbretërore po kërkonte një grua të shëndetshme, në gjendje të sillte në jetë një fëmijë mashkull, princin e ardhshëm. Kryetarët e fiseve kërkuan nëpër të gjithë Ilirinë dhe më në fund më zgjodhën mua si nënën më të denjë për mbretin e ardhshëm.

(Ngashërehet) Isha e martuar me një bari, një djalosh të ri, dhe kullotën e kishim në një nga pikat më të larta të Korabit. Më zgjodhën mua sepse linda tre fëmijë meshkuj njëherësh. Lajmi për lindjen e trinjakëve u përhap gjithandej si një ogur i mbarë në të gjithë Ilirinë. Një i dërguar nga oborri i mbretit erdhi në shtëpinë tonë në mal dhe i kërkoi burrit tim që t'i bindej urdhërit të mbretit dhe të më linte të shkoja në kështjellë që të rrija me mbretin. Burri im u zemërua shumë, por nuk dinte se çfarë të bënte. Mbreti ishte mbret dhe urdhërat duheshin zbatuar. Tre vogëlushët e mi m'u hoqën nga gjiri. Në atë çast ata humbën nënë e tyre, kur ishin vetëm disa javësh. Më morën gati me forcë në kështjellë dhe jetova me mbretin për një vit të tërë. Nuk lejohesha të shihja askënd përveç mbretit. Kur u mor vesh që linda djalë, e gjithë Iliria u përfshi nga festat, përveç mbretëreshës. Që në atë moment që të linda ty, pata edhe unë një trajtim prej mbretëreshe. Ushqimi më i mirë që mund të gjendej, do të me jepej mua. Kam pirë edhe qumësht dallandysheje.

Pimi: Domethënë ata janë sjellë mirë me ty.

Anila: Po, kur të kisha ty në bark nuk mund të imagjinoja të më trajtonin më mirë se aq. Unë isha shpresa për trashëgimtarin e fronit. Haja luleshtrydhe të mbledhura posaçërisht për mua. Më sillnin për drekë zemra pëllumbash të shkuar në hell. Shpesh më bënin shëtitje në karroca të stolisura për merak. Teuta u bë aq xheloze sa më zuri frika se mos kurdiste ndonjë rreng e më vriste. Nga një mbretëreshë e dashur dhe e sjellshme, ajo ishte shndërruar në një grifshë djallëzore dhe njëherë më tha se do të ma priste kokën sapo të të lindja ty. Ditën që të linda, Teuta erdhi me ushtarët e saj, të mori ty nga gjiri, të zhveshi rrobat që të kisha bërë unë dhe të veshi rrobat e mira që kish sjellë me vete. Që nga ajo ditë që të rrëmbyen nga krahët e mi, jeta ime ndryshoi. Më përzunë nga Pallati Mbretëror menjëherë. Teuta dha urdhër që unë të vritesha, por mbreti e mori vesh në kohë dhe u kujdes për mua. Më strehoi në një shtëpi të fshehtë që të ndihesha sa më e sigurtë. Foli me një nga komandantët dhe me ndihmën e tij fillova punë si kuzhiniere në kështjellën e Enkeleut. Vendi ku isha fshehur nuk u zbulua asnjëherë. Vetëm dy vetë e dinin se kush isha unë: mbreti dhe Enkeleu. Mbreti më vizitoi shpesh atje në fshehtësi, larg syve të Teutës.

Pimi: Është një histori e trishtuar, por nuk e di se sa e vërtete mund të jetë.

Anila: Është plotësisht e vërtetë. Ka njerëz që e dinë këtë histori, por nuk duan të flasin. Mbaj mend që ke patur një nishan nga lindja nën krahun e majtë. Duhet që ta kesh ende aty.

Pimi: Po, e kam. (Ngre këmishën dhe ia tregon me gisht i emocionuar) Ja ku është. Ndoshta ti je nëna ime e vërtetë... (I afrohet dhe e përqafon me ndrojtje.)

Anila: Teuta hapi fjalë se unë kisha vdekur nga një sëmundje e pashërueshme. Ajo dërgoi vrasës me pagesë për të më zhdukur. Njëri prej tyre më gjeti se ku isha, por atij i erdhi mëshirë dhe nuk pranoi të më vriste.

Pimi: Më vjen keq për ty. Është vështirë ta besosh që ti vuajte kaq shumë gjatë gjithë kësaj kohe që ishe larg meje. Po sikur të vij të jetoj me ty?! Më duket sikur nuk do të të shoh më, po të largohem tani.

Anila: Po ku do të shkojmë? Mbretëresha do të na vrasë të dyve.

Pimi: Nuk kam më dëshirë të kthehem në kështjellë. Kam dëgjuar njerëz që thonë se ajo ka helmuar babain. Kudo që shkoj dëgjoj njerëz që pëshpërisin për këtë.

Anila: (E shtrëngon fort në gjirin e saj) Zogu im i vogël. Ndërsa të mbaj fort në krahët e mi, të dëgjoj të rrahurat e zemrës. Tani ti e di të vërtetën, se kush është nëna jote. Dua që ti të bëhesh mbret!

Pimi: Mbretëresha më tha që do bëhem mbret kur të rritem.

Anila: S'dua të pres deri atëherë. Ndoshta nuk do të jetoj aq gjatë sa t'ia arrij asaj dite. Do të më bëhet bari një pëllëmbë mbi varr e emri do të më harrohet. Para se të ndodhë kjo, dua të të shoh ty në vendin që të takon, në fronin e kuq mbretëror.

(Teuta hyn në skenë e shoqëruar nga dy ushtarë ilirë. Anila habitet dhe shtrëngon Pimin ende në krahët e saj.)

Teuta: Pa shih kush na qenka, Anila! Nuk prite shumë gjatë që të krijosh shqetësime.

Anila: Oh, s'e kisha parë djalin që ditën që kishte lindur, e dashur mbretëreshë. Tani ka ardhur dita që të mos dorëzohem.

Teuta: Pimi, ç'do me atë grua? Eja tek unë!

Pimi: Ajo është nëna ime e vërtetë. Nuk vij me ty!

Teuta: Unë jam nëna jote dhe askush tjetër. Unë të rrita qysh kur ishe foshnje dhe të kam ushqyer edhe me frymën time. Eja me mua, mor bir! Mos e dëgjo atë shtrigë. Largoju prej saj, se do të bëjë ndonjë gjë të keqe.

Anila: Jo, moj zonjë e nderuar! Nuk mund ta gënjesh më tim bir. Tregoji të vërtetën.

Teuta: Shtëpia jonë është bosh kur ti nuk je aty, biri im. Isha aq shumë e shqetësuar që nuk po të gjeja. Dërgova tërë ata njerëz për të të kërkuar gjithandej. Tani lëre atë e eja me ne!

Pimi: Nëqoftëse e le, ti ke për ta vrarë!

Teuta: Nuk ka për t'i ndodhur asgjë! Eja në shtëpi.

Pimi: Lëre të vijë me ne!

(Pimi i afrohet Teutës. Teuta e përqafon fort dhe e mban ende shtrënguar në krahët e saj.)

Pimi: Nuk di ç'ka po ndodh. Jam ngatërruar keq. Eshtë thënë shumë në këtë kopësht e gjithçka që po thuhet mund ta ndryshojë krejtësisht jetën time. Tani për tani nuk po di kush ka të drejtë. Vetëm një gjë e di me siguri, që nuk dua ta lë shtëpinë ku u rrita.

Teuta: Kurrë s'ke për ta braktisur shtëpinë tënde, zemër!

Pimi: A ka mundësi të më thuash kush është kjo gruaja këtu, sipas mendjes

tënde?

(Tregon me gisht Anilën.)

Teuta: Ajo është gruaja që të lindi, por unë jam kujdesur për ty

tërë jetën tënde.

Pimi: (Ngashërehet) Nuk dua ta dëgjoj këtë histori me dy nëna.

Teuta: Tash eja të shkojmë në shtëpi, atje ku e ke vendin.

(Pimi largohet nga skena, duke kthyer kokën pas i trishtuar)

Teuta: (Duke i skërmitur dhëmbët Anilës.) A e sheh se çfarë ke bërë? Por ai e bëri zgjedhjen e vet, e cila është zgjedhja më e mirë. Plani yt për ta rrëmbyer djalin dështoi, moj shtrigë e djallit. (Pauzë) Roje! Sillni pengjet brenda! *(Befas në sallë sillen tri shrigat në pranga: Flokëverdha, Flokëzeza dhe Tullacja. Të trija duken të frikësuara dhe të tmerruara aq shumë, saqë qajnë pa zë e dridhen. Sytë i mbajnë ulur përdhe!)* Pa shih, kush na kanë ardhur: zonjat që kurdisën vrasjen! Ti, me flokët e verdha, pa na thuaj: kush e helmoi mbretin?

Flokëverdha: (tregon me gisht nga Tullacja) Ajo e bëri!

Teuta: (skërmit dhëmbët me shpoti) Domethënë ti vetëm sa i ke mbajtur pishën. Ti je krejtësisht e pafajshme. Kësaj pa flokë, vetëm sa po i bëje shoqëri që të mos mërzitej. Apo s'është kështu?

Flokëverdha: (dridhet si purtekë) Ajo është kryesorja. Unë vetëm sa e kam ndjekur nga pas.

Teuta : (e ndërpret) E mora vesh! (I drejtohet Flokëzezës) Po ti, njësoj si kjo kokëverdha besoj. Nuk ke asnjë pikë faji. Kjo Tullacja u ka marrë të dyjave në qafë.

Flokëzeza: Ashtu është. Ajo fliste me një komandant të lartë.

Teuta: Shshsht! Pusho! E dua nga goja e kësaj pa flokë. (I drejtohet tullaces.) Nga kush i merje urdhërat ti tullace?

Tullacja: (Heziton. Një ushtar Ilir afrohet dhe i vë shtizën në kokë.) Nga Dhimtri!

Teuta: Hm! Dhimitri!Po helmin kush ua dha?

Tullacja: Dhimitri!

Teuta: Paskësh qenë shumë e lehtë për ta provuar nëse Dhimitri ka patur gisht në të gjithë këtë rrëmujë të pistë. Roje, futini prapë në qeli. Desha vetëm që Anila ta shikonte me sytë e saj se çfarë është në gjendje të bëjë Dhimitri, që për fatin tonë të keq, është një nga komandantët më të mëdhenj që kemi. (Kthehet nga Anila.) Po ti, Anila! A ke gisht në këtë mes? A i ke thënë ndonjë gjë tjetër Pimit? Ndonjë gënjeshtër tjetër?

Anila: Nuk kam bërë gjë tjetër veçse i kam thënë të vërtetën. Nëse ty nuk të pëlqen, nuk kam çfarë të të bëj. Kjo e fshehtë do të dilte në dritë një ditë. Pimi duhej ta dinte. Dikush i kishte thënë diçka para meje. Tani e di se çfarë më pret: qelia më e errët në kështjellë, ku të vetmit miq do të kem minjtë.

Teuta: Mirë që e ditke!

Anila: Të lutem, më fal, Teutë! Nuk mendova se vërtet mund të të shkaktoja kaq shumë dhimbje. Nuk desha të të bëja keq.

Teuta: Mos të shkoi në mendje që të çoje princin drejt fronit?! Ka mundësi. Do të jetë ndonjë dorë djallëzore që të shtyu ty të veprosh kundër familjes mbretërore. Ti nuk je aq e zgjuar sa të kurdisësh këto gjëra vetëm. Fshihet ndonjë tjetër mbrapa krahëve të tu.

Anila: Nuk ka njeri tjetër përveç meje. Zemra ime më thotë të bëj atë që dua.

Teuta: Nuk ka më rëndësi se kush të shtyn ty. Ti s'ke për ta paguar tradhëtinë, ashtu si të gjithë tradhëtarët dikur. Duhet ta dish se çka u bëjmë ne atyre. I varim mbi një zjarr që digjet pa pushim. Por siç të thashë, nuk do të kesh këtë fat, nëqoftëse më tregon kush e përpunoi këtë skemë dhe mendjen e djallit që ka pasur ky njeri.

Anila: (Me një vështrim humbës) Dora jote përcakton fatin e të gjithëve në këtë vend. Nëse e ke ndarë mendjen të më vrasësh, më vrit.

Teuta: Nuk kam atë synim. Ti je nëna e djalit tim. Një lloj tjetër dënimi kam për të të dhënë. Ke për të vuajtur tërë jetën që të ka mbetur në burg. Kur të të shoh ty atje, vetëm atëherë do t'i gëzoj ditët e mia në paqe me Pimin. Ti s'ke për ta patur më fatin që ta shohësh me sy dhe nuk ke për të ndërhyrë dot më midis nesh.

Anila: Je kaq hakmarrëse dhe pa zemër sa nuk di si ta përshkruaj, por e vërteta do të dalë në shesh një ditë dhe ti ke për t'u ndëshkuar ashtu siç duhet.

Teuta: Shtrigë e shkretë! A duhet të të fal për tërë ato gjëra që ke bërë për të më hequr qafe? Nëqoftëse dikush të drejton majën e shpatës, duhet të kundërsulmosh, përndryshe vdes! Vërtet mendove se do më sfidoje duke më marrë Pimin dhe fronin? A po më dëgjon?

Anila: Unë linda princin e Ilirisë, ndërsa ti je kujdestarja e tij!

Teuta: Çfarë do të thuash? Mbreti vërtet donte një princ trashëgimtar, të cilin nuk mund t'ia jepja, por ti, grua e ulët, e martuar me një bari, tani po kërkon të hipësh në fron!? Ti po mundohesh t'i japësh vlera vetes më shumë se ç'ka vlen në të vërtetë. A po do që të provosh kurorën në kokë, të paktën një herë në jetën tënde?

(E heq nga koka e vet dhe ia vë Anilës në kokë për një moment.) A po e shikon sa e përndritshme është? Eshtë e thurur me gurë të rrallë e të shtrenjtë, që i kanë dhuruar princat e Ilirisë.

Anila: A ka gjë më të ndyrë sesa të më detyrosh të provoj kurorën që më takon? Kjo është tallja më e ulët para vdekjes. Megjithëkëtë, kurrë s'e kam menduar që të rrëmbej kurorën dhe fronin nga Ju, nëse nuk do të ishte e drejta ime.

Teuta: Ke ëndërruar shumë për të zënë vendin tim, por kjo nuk do të bëhet kurre realitet.

Anila: Nëse do që të hakmerresh, vazhdo. Rrugën e ke të hapur.

Teuta: Do të paguash për atë që ke bërë. Ke kurdisur puç kundra meje, në bashkëpunim me ndonjë tjetër për të më ma marrë djalin peng dhe për të më vrarë. Tani po të bëj të ditur se të gjithë armiqtë dhe kundërshtarët e mi kanë përfunduar në qelinë e tradhëtarit.

Anila: (Rënkon. Ulet në gjunjë). Qofsh e mallkuar!

Teuta: Nëqoftëse s'do që të dënohesh, më trego kush fshihet pas teje? A është ndonjë nga princat, i pangopur me fuqinë dhe pasurinë që ka? Kush të tregoi ty se mund ta takosh Pimin pikërisht këtu, në këtë vend e në këtë orë?! A ishte Enkeleu, Dhimitri, apo Ardiani? Kushdo që ka qenë, ka për t'u dënuar. Armikun e kemi në kufi. Duhet që në fillim të merrem me gjarpërin që kam në gji, pastaj me romakët.

Anila: Oh, zot, më shpëto! Ma fal jetën!

Teuta: Të të shpëtoj jetën? (I afrohet dhe e pyet me zë fare të ulët duke e parë në sy) Më thuaj kush e helmoi mbretin?

Anila: Mbretin? Nuk e di!

Teuta: (E kap për flokësh) Ti e di shumë mirë! Që mos të ta pres mishin copa-copa, më thuaj kush e helmoi mbretin! Mjeku tha që ishte helmuar.

Anila: (Qan) Nuk e di!

Teuta: Nuk e di? Atëherë po ta them unë. Ishte Dhimitri, miku më i ngushtë i Agronit! Merrem unë me të! Menjëherë! Kam për ta hequr qafe! Do ta çoj në luftërat më të ashpra, me ushtarët që mbrojnë tokat ilire në ishullin e Farit. Do ta shohim si do të sillet në fushat më të përgjakshme të luftës. A do të mbijetojë përsëri të nesërmen për të thurrur kurthe?! Fati i tij në betejë do të jetë po aq i sigurt sa në Pallatin Mbretëror, i rrethuar nga femrat.

Anila: Teuta, çfarë kërkon të bësh? Do të dërgosh Dhimitrin në ishullin e Farit? Etolët e kanë pushtuar ishullin para disa muajsh. Si mund ta bësh këtë? Eshtë njësoj sikur ta dënosh me vdekje.

Teuta: A nuk është ai trim mbi trimat? Një ushtar i egër në betejë, po aq i egër sa me femrat në shtrat? Ti duhet ta dish përgjigjen.

Anila: Teuta, rashë në dashuri me të shumë vite më parë. Ishte ai që nuk më la të vdisja, zemërthyer. Tani s'kam për ta parë më, deri atë ditë që të dy do të vdesim.

Teuta: S'ke për ta parë asnjërin prej tyre, as djalin tënd, as dashnorin. Ishulli i Farit është i rrethuar nga etolët. Romakët janë shumë afër gjithashtu. Ata s'kanë për t'u ndalur pa zaptuar tokën dhe detin. Veç unë mundem t'i ndaloj. Kjo ishte lufta e Agronit që mua më duhet ta mbaroj.

Anila: Atëherë duhet të kem të njëjtin fat si tëndin. Ti, njësoj si unë, ke për të përfunduar në pranga.

Teuta: Nuk më intereson se ç' thua. Do bëj çfarë të mundem për Ilirinë. Do ta vë veten në ballë të rrezikut.

(Dhimitri hyn në skenë)

Dhimitri: Mos e dëgjo atë, mbretëresha ime! I dëgjova të gjitha ato që tha. Janë të gjitha gënjeshtra dhe të gjitha i thotë si e si që të shpëtojë veten.

Anila: Ajo që thashë është e vërteta.

Dhimitri: (Ulet në gjunjë para Teutës). Nëqoftëse beson kundërshtarët, atëherë nuk je zonjë e zgjuar. Teuta, unë po të them të vërtetën.

Teuta: (Gajaset.) Nuk besoj asnjërin prej jush. Roje, shoqëroje këtë grua për në kështjellë e çoje drejt e në qeli, atje ku burgosim tradhëtarët. Nuk dua të shoh një gjarpër kaq të rrezikshëm që sillet rrotull shtëpisë sime. Dhe ti Dhimitër, dua që të marrësh armët e të luftosh kundër armikut.

Anila: (Klith në mënyrë histerike) Mallkuar qofsh! Do zoti e të shoh në ferr, në rrethin e shtatë, o zot! Po lutem që të vdesësh e vetmuar dhe e braktisur. U dënofsh me harresë. Më vrit atëherë! Është fat më i mirë sesa jeta në këtë hell.

Teuta: I dhashë besën Pimit që nuk do të të vras. Roje, merreni e plaseni në burg. Ma zhdukni sysh shtrigën!

(Rojet e kapin nga krahët dhe e shtyjnë drejt daljes.)

Dhimitri: Do i bindem urdhërave tuaja, mbretëresha ime! Cilado që të jetë dëshira jote, do të plotësohet.

Teuta: Të dy ju keni përhapur gënjeshtra sikur unë kam vrarë mbretin. Vdekja për tradhëtarët është goditja me dhjetë shigjeta, por unë nuk kam ndërmend t'ju dënoj në këtë mënyrë. Tani më thuaj: Pse ke shkuar nëpër mbretëri e ke hapur fjalë që mbreti është vrarë nga mbretëresha?

Dhimitri: Unë nuk kam thënë asgjë!

Teuta: Unë e di se kush e ka helmuar, por nuk dua një luftë të brendshme tani që jemi në luftë me romakët! Po të emëroj komandant të ishullit të Farit. Mos u merr më me fjalë si grua e përdalë. Ke për të luftuar si burrë i vërtetë me shpatë dhe me heshtë. Etolët ndërkohë e kanë zaptuar ishullin. Romakët janë m'u në buzë të ujit. Nëqoftëse ti i mposht këta armiq, atëherë do të të emëroj komandant të të gjithë ushtrisë ilire. Fati ynë varet nga duart e tua.

Dhimitri: Ky është një nder shumë i madh që më bëhet. Nuk di si të të falenderoj, mbretëresha ime. Do të udhëhiqem nga zëri yt i ëmbël.

(I puth dorën)

Teuta: (Tërheq dorën me neveri. I tregon derën e daljes.) E di sesa shumë më nderon ti mua, aq shumë sa thure gjithë atë plan që të më rrëzosh. Ajo çka vërtet nuk kuptoj është dobësia ime. S'e marr vesh pse i fal armiqtë e mi në vend që t'i zhduk nga faqja e dheut. Kam frikë se kam ndryshuar fill pas vdekjes së Agronit. Para na presin fitore të mëdha, por edhe humbje të tmerrshme. Një shpjegim e kam: unë nuk dua që shqetësimet e mëdha brenda kështjellës, të ndikojnë në fatin e luftës.

(Fundi i skenës së gjashtë. Bien perdet.)

Skena e shtatë

(*P*amje nga salloni i mbretëreshës në kështjellën e Shkodrës. *Ambasadori i Romës Laurenti i dorëzon shpatën e tij dy rojeve mbretërore ilire dhe ulet në gjunjë para mbretëreshës, e cila është e ulur në fron. Dy princat ilirë Enkeleu dhe Ardiani qëndrojnë në krah të Teutës.*)

Laurenti: Shkëlqesa Juaj! Po vij sot para jush si ambasadori i Cezar Augustit të madh, Perandorit të Romës.

Teuta: Mirëserdhët në Iliri, zotëri! Jeni nji mik i nderuar i ilirëve. Shpresoj që do ja kaloni mirë, për sa kohë që do të rrini me ne. Në Iliri ne kemi të njëjtat rregulla, si me miqtë ashtu edhe me armiqtë, kur këta vijnë brenda në kështjellë. I presim me bukë, kripë e zemër, pra me krahët hapur. Tani më trego, çfarë ju shtyri që të vini tek ne?

Laurenti: (Nëpërmjet përkthyesit) Anija ime u detyrua të ankorohet në brigjet tuaja për shkak të erërave të forta. Ngecëm në gjirin ilir dhe ndenjëm atje për ditë të tëra. Tani ka ardhur koha të të japim lajmin e keq drejtpërsëdrejti nga perandori ynë Cezari.

Teuta: Tani t'i kam hapur dyert dhe jam gati ta dëgjoj at lajm të keq që ke sjellë.

Laurenti: Shkëlqesa Juaj, perandori është i shqetësuar për vjedhjet dhe grabitjet që po i bëhen anijeve tona tregtare në vijën tuaj të detit. Vjedhësit janë ilirë dhe kanë filluar të bëhen të papërmbajtshëm në sulmet e tyre, sidomos në qytetet bregdetare. Për shkak të tyre, anijet tregtare të Romës kanë frikë të udhëtojnë në këto hapësira. Kjo është pirateri dhe nuk duhet të anashkalohet, pa patur asnjë kontroll nga ana juaj. Shumë anije tregtare të Romës e kanë përshkuar detin Adriatik, por vetëm gjysma e tyre arriti të kthehet mbrapsht në Romë. Anijet liburne kanë sulmuar shpesh anijet tona. Perandori ynë ka bërë një kërkesë të fortë për Ju, e Madhërishmja, Mbretëresha e Ilirisë! Sulmet kundër anijeve romake duhet të ndalojnë menjëherë. Perandori urdhëron që Ju duhet t'i paguani Romës dëmshpërblim për secilën nga anijet e humbura romake, që në fakt janë zhdukur pasi u sulmuan nga ilirët.

(Zemërimi i Teutës sa vjen e rritet përsa kohë që Laurenti mban fjalën e tij)

Teuta: Tani dëgjo se çfarë po të them unë, zotëri! Mbretëreshë Teuta e Ilirisë nuk merr urdhëra nga Perandori i Romës. Ne nuk jemi nën pushtetin e Romës. Deti Adriatik bën pjesë në zonën ujore ilire ka qenë pjesë e mbretërisë së parë ilire të drejtuar nga Hyllusi, më i madhi mbret ilir i të gjitha kohërave.

Laurenti: Tregtarët romakë nuk mund të durojnë më sulmet e piratëve ilirë. Mbretëreshë! Ju duhet të përdorni pushtetin dhe autoritetin tuaj për të ndaluar menjëherë piratët. Perandori e ka bërë të qartë qëllimin e vet.

Teuta: Ilirët dhe në veçanti liburnët nuk e njohin autoritetin e Romës. Ata nuk kërkojnë lejë nga Roma për të vozitur anijet e tyre. Iliria është fuqia e vetme e deteve Adriatik dhe Jon dhe është Roma ajo që duhet të marrë leje, para se të hyjë në ujërat tona! A e bëra të qartë?

Laurenti: Mbretëreshë e Madhërishme! Unë jam vetëm lajmës dhe përsëris ç'ka më është thënë. Lajmi është: Ju duhet të ndaloni piratët që po sulmojnë brigjet dhe anijet romake. Nëqoftëse sulmet vazhdojnë, atëherë Perandoria e Romës do të ndërhyjë për të shpëtuar njerëzit e vet.

Enkeleu: Trego respekt për Mbretëreshën tonë!

Laurenti: Ka për të qenë turp e faqe e zezë, nëqoftëse tregoj respekt për Mbretëreshën e piratëve!

Teuta: Mbaje gjuhën, princ romak! Ilirët janë një popull shumë krenar dhe nuk e pranojnë lehtë një shuplakë që i jepet mbretëreshës së tyre.

Laurenti: Vjedhjet dhe vrasjet janë të papranueshme dhe këto gjëra i bëjnë piratët tuaj. Anijet tuaja kanë shkuar deri në brigjet e Siçilisë. Po zgjeroni mbretërinë tuaj në tokë romake. Perandori do të dijë synimet tuaja, se ku doni të dilni?

Teuta: Ti po flet për sulmet e ilirëve në tokën e Romës, por çfarë ke për të thënë për sulmet që Roma ka kryer kundër etruskëve? Ata ishin një familje me ne. Vetë qyteti i Romës u themelua nga etruskët, por Perandoria Romake s'donte t'ia dinte dhe i fshiu nga faqja e dheut. S'ka më asnjë shenjë për të treguar se ata kanë jetuar ndonjëherë në atë vend. Ju s' mund të justifikoni pushtimin e Ilirisë, as s'mund të na kërcënoni. Ne tash kemi ngritur armatën tonë ilire dhe jemi gati të mbrojmë veten kundrejt ndonjë fati të ngjashëm me atë të etruskëve.

Laurenti: Respekt për ju e Madhërishme dhe respekt për vlerat e forcave ilire. Ne nuk dyshojmë në trimërinë tuaj në betejë, por përkundër forcave tona, të cilat janë të njohura anekënd detit dhe tokës, më vjen keq që po e them, por nuk ka të krahasuar. Komandantët tanë Santumalus dhe Alvinus po presin urdhërat për të marshuar drejt qyteteve të Ilirisë. Apollonia, Epidamnus, Scampini apo Lissus do të përfshihen nga flakët dhe kanë për t'u djegur e bërë hi. Çdo gjë që keni ka për të përfunduar në zjarr. Retë e tymit dhe të dëshpërimit kanë për të mbuluar popullin tuaj.

Teuta: Jo ashtu, o romak! Ilirët nuk janë lepuj që të frikësohen nga fjalët e ushtarëve pushtues. Ne s'kemi për t'u tërhequr, por do të luftojmë aq ashpër sa askush tjetër nga ata që Roma ka përballuar në beteja. Nuk kemi për t'i paguar asnjë monedhë asaj. A mund të pyes se për çfarë dëmshpërblimesh bëhet fjalë? Tregëtarët ilirë të detit kanë të drejtën e tyre për të bërë tregëti në brigjet tona. Nuk shoh ndonjë gjë të paligjshme në veprimet e ushtarëve dhe njerëzve tanë të detit, të cilët po bëjnë punën e tyre, po zhvillojnë tregti me këdo që i lidh puna. Ata kanë bekimin tim. Dhe po të them edhe një gjë tjetër, zotëri. Nëqoftëse anijet romake ballafaqohen me tregëtarët ilirë, dua që ta merrni vesh se njerëzit e mi janë të lirë për të mbrojtur veten e tyre. Fitoret e tyre do të festohen këtu në kështjellë, në të njëjtën mënyrë sikur të ishin fitore të korrura në fushën e betejës.

Laurenti: Po i dërgoj mesazhin tënd Romës, Shkëlqesa Juaj! Por nuk ka për t'u gëlltitur kollaj nga autoritetet atje. Jam i sigurt për këtë. Roma tash e ka marrë shumë seriozisht piraterinë ilire kundër anijeve të saj në det. Poashtu e di se çka po heqin qytetarët e saj në tokën ilire. Kundërshtimi yt për të vënë piratët nën kontroll, të cilët ju po i quani "tregëtarë" dhe "ushtarë", ka për t'u trajtuar si një sfidë e hapur për luftë. Perandori nuk ka për të qenë i lumtur.

Enkeleu (Shkon drejt tij kërcënueshëm duke mbajtur dorën në shpatë): Ky burrë po ofendon mbretëreshën tonë. Ka ardhur si mik nga Roma, por po i këput pesëqind mikpritësve, të cilët e pritën me mirësjellje. Gjëja më e keqe është se ai po e poshtëron mbretëreshën tonë. Kjo e kalon cakun.

Teuta: E shoh që ti nuk do të më kuptosh, zotëri! Po ta them përsëri që Perandori romak shpejt do ta marrë vesh se unë nuk jam një grua që mund të tërhiqet nga urdhërat që jep ai nëpërmjet emisarëve të vet. Në vend të kësaj, duhet të kuptosh, që jam udhëheqëse e një populli trim, i cili do të rrëmbejë shpatat dhe do të luftojë e vdesë për të drejtën që të lëvizë lirshëm në vendin e vet.

Laurenti: Atëherë me sapo thua, nuk ka mundësi për paqe ose qetësi për popullin tonë nga tirania e piratëve tuaj? Trimat e tu janë një grusht barbarësh, Mbretëreshë Teuta! Barbarë që vrasin e presin, që nuk tregojnë mëshirë ndaj viktimave të tyre.

Teuta: Kjo është ajo që po thua ti! Për ç'arsye duan të vijnë anijet dhe ushtarët e tu në tokat tona? Ç'punë keni ju se çfarë bëjnë anijet ilire të tregëtisë jashtë territorit të Romës? Ky është vendi ynë dhe ne kemi për të mbrojtur të drejtat tona për të bërë tregëti këtu. Dhe shih këtu, zotëri! Nëqoftëse anijet romake sulmojnë anijet dhe qytetet tona, atëherë kanë për t'u përballur me ne. Kemi për t'ua marrë gjithë mallrat që keni në anije. Eshtë një akt nderi dhe krenarie për çdo ilir për të sfiduar armikun dhe për të mbrojtur të drejtën tonë për tregëti e për të jetuar në liri.

Laurenti: E si mund të jetë një akt nderi vjedhja dhe plaçkitja e anijeve tona? Të sulmosh popullin tonë në tokën e vet? Ushtarët e tu janë piratë dhe shumë shpejt do t'ia shohin tymin kësaj flake që kanë ndezur.

(Teuta ngrihet nga froni).

Teuta: Takimi ynë mori fund. Merreni e çojeni mbrapsht në anijen e vet!

(Teuta del nga skena e shoqëruar nga dy roje ilire, ndërsa dy ushtarë të tjerë e mbërthejnë Laurentin nga krahët dhe e shtyjnë drejt daljes.)

Ushtari ilir: Lutju zotit të të shpëtojë shpirtin para se të shkosh drejt vdekjes.

Laurenti: Pse po më arrestoni? Çfarë gabimi kam bërë?

Ushtari ilir: Ke për të vdekur për shkak të gjuhës që e ke shumë të gjatë. Nuk tregove asnjë pikë respekti për Mbretëreshën tonë Teuta. Fjalët e tua e poshtëruan atë. Për këtë arsye që guxove të ofendosh mbretëreshën, ke për të vuajtur të gjitha pasojat.

Laurenti: Unë jam ambasadori i Perandorisë së Romës. Ti nuk mund as të më prekësh me dorë, jo më të më arrestosh. Kjo ka për t'u trajtuar si sulm kundër Romës. Nuk ka për t'u toleruar!

Ushtari ilir: Gjuha jote është më e mprehtë se shpata ime. Ti ke poshtëruar mbretëreshën tonë para tërë burrave të oborrit. Ti ke poshtëruar të gjithë ushtarët ilirë kur i quajte vjedhës e barbarë. Për këtë që bëre do ta paguash me jetën tënde.

Laurenti: (Shqetësohet gjer në kulm) Nëqoftëse quhet gabim sjellja e mesazhit nga Roma që "Iliria duhet të ndalojë sulmet ndaj trupave dhe anijeve romake", atëherë jam dënuar pa arsye dhe pa të drejtë. Përsëri po e them, s'kam bërë asgjë të keqe veçse kam përcjellë mesazhin e Perandorit. Lajmësi nuk vritet.

Ushtari ilir: Nëqoftëse duhet të të ekzekutoj ty që ke poshtëruar mbretëreshën, atëherë edhe unë s'po bëj gjë tjetër veçse po zbatoj urdhërat.

(Ushtari ilir e godet Laurentin me shpatë, të dy duke dalë jashtë skenës. Flakadanët zbehen, ndërsa skena erret)

Skena e tetë

*(Flakadanët ndriçojnë të njëjtën skenë. Mbretëreshë Teuta
është e ulur në fron dhe para saj qëndrojnë princat dhe
komandantët ilirë të veshur me uniformat e luftës.)*

Ardiani: Rroftë Mbretëresha jonë! Sapo kam sjellë lajmin e
fitores. Qyteti i Butrintit u çlirua më në fund. Ushtarët etolë
kanë ikur nga qyteti nga sytë këmbët. Populli po vallëzon nëpër
rrugë. Të tjerë këndojnë e qajnë nga gëzimi. Njerëzit e thjeshtë
u hedhin lule ushtarëve tanë dhe shumë prej tyre puthin shpatat
tona.

Teuta: Ti po më sjell një lajm shumë të mirë, komandant!
Ashtu si Butrintin, do të çlirojmë të gjitha tokat ilire që vuajnë
nën pushtim. Ilirët do të jenë të lirë përsëri, ashtu siç kanë edhe
emrin "I-lir"!

Enkeleu: (Hyn në skenë i plagosur) Respektet e mia për
Mbretëreshën tonë! Po ju sjell lajm nga fushëbeteja. Qyteti i
Apollonisë është në duart tona. Tani kemi rrethuar qytetin e
Epidamnusit. Jam kthyer në kështjellë sepse jam goditur keq në
shpatull nga shpata e armikut. Nuk po mundem të luftoj më.

Teuta: Bëni kujdes që komandant Enkeleu të mjekohet sa më
parë. Ai nuk duhet të vdesë nga plagët e marra.

*(Dy ushtarë ilirë e shtrijnë me kujdes në një shtrat të lëvizshëm
të drunjtë, të cilin e vënë mbi supe dhe dalin jashtë skenës.)*

Ardiani: Ne jemi fitimtarë! Perandor Cezari ka mbushur
detin me anijet e veta dhe ushtarët romakë kanë nxirë krejt
hapësirën deri në vijën e horizontit, aty ku puthen deti me
qiellin.

Teuta: Kemi për t'u dalë përballë dhe do t'i shkatërrojmë.
Ata që do të mbesin gjallë, do të kthehen në Romë për të dhënë
lajmin e forcës ilire dhe pavarësisë që kemi arritur me aq gjak.

Ardiani: Po qarkullon lajmi se Roma është shumë e zemëruar
me vrasjen e ambasadorit të vet, Laurentit. Rojet tona e kanë
nën mbikqyrje ushtarin që vrau Laurentin dhe po e vëzhgojnë pa
ndërprerje.

Teuta: Ma sill atë ushtar këtu! Mendoj që vrasja e lajmësit të
Romës ishte një komplot i kurdisur nga vetë romakët. Ata kanë
një plan djallëzor për të gjetur një shkak që ta pushtojnë atdheun
tonë.

*(Ushtari ilir që vrau Laurentin hyn në skenë. Duart e tij janë
të lidhura mbrapa.)*

Ushtari ilir: Pse jam i lidhur si një kriminel i zakonshëm?
(Ngre kokën dhe shikon Teutën në sy.) Unë jam një besnik juaji,
Shkëlqesë! Nuk po marr vesh pse po mbahem i lidhur, në një
kohë që mbrojta nderin tuaj?!

Teuta: Pra, ti je ai ushtari që vrau ambasadorin e Romës për
fjalët e ndyra që tha kundër Ilirisë dhe kundër meje?!

Ushtari ilir: Po, mbretëresha ime. Unë jam. Këtu para teje!

Teuta: A mund të më thuash arsyen e vërtetë pse e vrave?
Kush të dha urdhër?

Ushtari ilir: Unë e dëgjova, kur po të poshtëronte me fjalët e
ulëta që po thoshte.

Teuta: Ai ishte ambasadori i Romës. Për këtë arsye ai ishte i paprekshëm.

Ushtari ilir: Kështu po thoni ju!

Teuta: Ti e vrave duke u mbështetur në gjykimin tënd personal apo dikush tjetër të dha urdhër?

Ushtari ilir: Mendova se bëra një gjë të drejtë. U ndjeva shumë keq kur po sillej me ju në atë mënyrë.

Teuta: Sa të kanë paguar për ta vrarë Laurentin? Trego!

Ushtari ilir: E vrava për të treguar besnikërinë time ndaj jush, e dashur mbretëreshë! E bëra për ju dhe për Ilirinë!

Teuta: Ke bërë një krim shumë të madh e për këtë veprim e tërë Iliria ka për t'u përballur së shpejti me sulmin e Romës. Po urdhëroj rojet që të rrish në pranga dhe të mos dalësh më nga burgu për sa kohë që merr frymë.

Ushtari ilir: (Ulet në gjunjë dhe i puth këmbët mbretëreshës.) Të lutem, më fal mbretëresha ime! Vrasjen e bëra për nderin tënd. Nëqoftëse kam bërë gabim, më mirë më ço në luftë sesa në burg. Atje kam mundësi të vdes me nder duke mbrojtur atdheun tim dhe fronin.

Teuta: Po më tregove se kush të dha urdhër për të kryer këtë vrasje, ka mundësi që ta pakësoj dënimin e të të çoj në fushëbetejë.

Ushtari ilir: (Rënkon) Ishte Dhimitri. Ai më tha se ambasadori romak të kish poshtëruar dhe se "ishte detyrë e të gjithë ushtarëve ilirë për ta detyruar Laurentin ta shpagonte me jetë këtë poshtërim!"

Teuta: Ah, prapë po dëgjoj emrin e Dhimitrit. Ardian, ç'ka po mendon? A thua ka gisht Dhimitri në këtë vrasje?!

Ardiani: Eshtë po ky ushtar që ka përhapur fjalë se Shkëlqesa juaj ka vrarë mbretin.

Ushtari ilir (shqetësohet): Kjo është gënjeshtër, Shkëlqesa juaj! Asnjëherë nuk kam thënë ndonjë gjë që kam parë në dhomën tuaj të gjumit. Ju betohem në zotat dhe perënditë e Ilirisë, që nuk kam treguar asnjë gjë nga ato që kam parë.

Teuta: Atëhere është Dhimitri ai që llomotit se si vdiq mbreti Agron! Më thuaj, a përmendi ndonjë gjë Dhimitri rreth vdekjes së Agronit?

Ushtari ilir: Po, ai ishte i pari që e përmendi një gjë të tillë. Ishte ai që tha se "varej nga ne, burrat e Ilirisë, që të ngrihemi kundër atyre duarve me gjak që kanë zaptuar pushtetin". Ai tha se "ushtarët tanë duhet të ngrenë krye dhe t'i bashkohen forcave romake e ta rrëzojnë nga froni Shkëlqesën tuaj! Unë s'bëra gjë tjetër veçse e dëgjova në qetësi, ndërsa ai fliste.

Teuta: Nuk është krim të dëgjosh atë që thuhet, por ti duhej të kishe ardhur e të më rrëfeje rrezikun që na kanoset në vetë rradhët e ushtrisë sonë. Për këtë dëshmi që bëre po të fal dënimin. Shko ushtar! Ik në shtëpi e fli i qetë. Shumë shpejt të gjithë do të shkojmë në luftë. Parzmoren do ta vesh nesër në fushën e betejës. Cezar Augusti po vjen. Duhet të përgatitemi sa më mirë që ta ndalim marshin e tij vdekjeprurës.

(Ushtari ilir përkulet para saj dhe del nga skena)

Ushtari ilir: Rroftë Mbretëreshë Teuta e Ilirisë.

(Mbretëresha e përshëndet me dorë.)

Skena e nëntë

(Një qeli burgu në kështjellë. Anila është e burgosur. Një roje e ruan dhe s'ia heq sytë. Bubullimat e një stuhie dëgjohen gjithnjë e më tepër.)

Anila: Çfarë drejtësie është kjo? Burgoset një nënë faji i së cilës është vetëm e vetëm se donte të kishte në krahët e saj djalin që i kishte bërë kokën? Jam burgosur këtu vetëm për këtë gjë, në këtë vrimë plot lagështirë. Kam përpara ca thërrime buke dhe pak ujë të ndotur. Kjo është hakmarrja e Teutës, mbretëreshës vrasëse të Ilirisë.

Roja: Mjaft! Ishe ti ajo qe deshe ta merrje peng princin e ri nga krahët e nënës së vet. Tash paguaj për krimin që ke bërë duke ndenjur në këtë hale. Do vdesësh ngadalë, aq ngadalë sa askush s'ka për ta marrë vesh, si një lule e bukur e burgosur në një vazo bosh.

Anila: Edhe ti ke për t'u qelbur këtu bashkë me mua.

Roja: Unë jam i lirë, mund të iki e të vij sa herë të dua. Mua më pëlqen të rri këtu pranë teje. (ia prek flokët qëllimisht) Kam qejf ta shoh këtë lule të bukur të vyshket ngadalë.

Anila: Larg ato duar të palara nga unë. (Ecën mbrapsht. Ai tallet dhe e ndjek ngadalë.) Unë jam nëna e Pimit, princit trashëgimtar i fronit, birit të Agronit. Ti nuk më prek dot.

Roja: Po ku është ky princi, djali i Agronit? Pse nuk vjen ta shpëtojë nënën e vet?

Anila: Ai nuk e di që jam këtu. Po ta marrë vesh vjen menjëherë.

Roja: Nuk ka për të ardhur. Askush nuk ka për të ardhur që të të shpëtojë ty. Ai që ti mendon se do të vijë më dha si shpërblim këtë qese plot me monedha floriri, që të të ruaj ty me shumë kujdes. E falenderoj Dhimitrin për këtë dhuartë të çmuar, por unë ta jap ty nëqoftëse ti fle një natë me mua. Jam i vetmuar dhe është përgjegjësi e madhe të ruash një thesar si ty, pa e shijuar vetë më së pari. Hiqi rrobat dhe fli me mua!

Anila: Më mirë të vdes sesa të lë trupin tim të ndyhet nga ty.

Roja: Nuk ke rrugë tjetër. Nuk ka për të të dëgjuar askush. Merri florinjtë dhe eja me mua.

Anila: A the që Dhimitri të pagoi për të më ruajtur mua?

Roja: Po të mos ishte ai, ti do kishe vdekur me kohë! Ajo s'do të të shohë afër djalit të vet.

Anila: (Ulet në gjunjë dhe qan në dëshpërim) Zoti im Hyllus, shpëtimtari i Ilirisë! Po të thërres për ndihmë! Më shpëto nga ky rrezik. Unë jam nëna e trashëgimtarit tënd.

(Ndërsa roja kap Anilën, ndjen se diçka po lëviz. Ndalon menjëherë sapo vëren Dhimitrin.)

Dhimitri: Po të paralajmëroj krijesë e mallkuar. Po e preke, do të vritesh.

Roja: (Shmanget i frikësuar.)

Dhimitri: Që ta marrësh teush, kjo grua është nëna e trashëgimtarit dhe ti nuk je i përshtatshëm që të thithësh të njëjtin ajër që ajo thith. Ik tani! Qërohu!

Roja: Kjo që po ndodh është e pabesueshme. Nuk më kanë zënë sytë ndonjëherë ndonjë princ të vijë deri poshtë në qeli.

(Ushtari kthehet dhe ia mbath me vrap nga skena. Anila bie në gjunjë para Dhimitrit).

Anila: Dashuria ime, princi im! Mendova se ti ishe larguar përgjithnjë nga jeta ime dhe se më le vetëm të vdisja këtu. E si mund të vdes në këtë mënyrë? Më çliro e më dërgo atje ku më more. Ah, ajo ditë e mallkuar. Më kthe mbrapsht. Ti më detyrohesh. Dua ta marr edhe Pimin me vete.

Dhimitri: Ki durim, ti do të bëhesh mbretëreshë një ditë. Me Pimin në krahun tënd.

Anila: E si mund të ndodhë kjo? Teuta është mbretëresha dhe Pimi ka shkuar me të. Pa të unë nuk kam vend në mbretëri.

Dhimitri: Më dëgjo mua! Ti do të martohesh me mua dhe të dy së bashku do të mbretërojmë, gjersa Pimi të arrijë moshën madhore.

Anila: E thua ti këtë, por unë nuk e besoj. Ajo është më e fuqishme se të gjithë ne së bashku. Po si mund të luftojmë ne kundër Teutës?

Dhimitri: Me ndihmën e Romës! Unë po të them që së shpejti ajo do të rrëzohet dhe ti do të jesh në krahun tim.

Anila: Të gjithë ilirët do të ngrihen kundër nesh. Ata janë besnikë të Teutës.

Dhimitri: Ka për të ndodhur ajo që thashë! Ky veprim ka për të shpëtuar fronin nga duart e saj.

Anila: Nuk më besohet që do të udhëheqim Ilirinë një ditë. Nuk e kuptoj se si Romakët do të na ndihmojnë që të marrim fronin. Si është e mundur që armiku "të ndihmon" që të çlirohesh nga Teuta?

Dhimitri (me pamje fajtori): Nuk do të jenë romakët ata që do të më sigurojnë fronin. Dora dhe shpata ime janë ato që më udhëheqin drejt asaj dite të lavdishme, kur unë do të ulem në fronin e Ilirisë si mbret.

Anila: Ti do të ulesh në fron si burri i nënës së Pimit apo jo? Vetëm Pimi është trashëgimtari i vërtetë i fronit. Dhimitër, a është kjo ajo që do të thuash?

(Dhimitri i shmanget përgjigjes. Ndërkohë katër roje ilire sjellin të lidhura këmbë e duar me zinxhirë tre zanat, Flokëverdhën, Flokëzezën dhe Tullacen. Njëri nga ushtarët ilirë e shtyn me forcë njërën nga vajzat, e cila rrëzohet përdhe.)

Ushtari ilir: Ecni përpara, shtriga! (U ulëret atyre. Flakadanët shuhen ngadalë. Skena erret.)

Skena e dhjetë

(N*jë çadër lufte është e ngritur në qendër të skenës. Santumalus dhe Alvinus, komandantët e Ushtrisë së Romës diskutojnë strategjinë e luftës, ndërsa janë të përqëndruar në një hartë fushore të hapur mbi tavolinë.)*

Santumalus: Gjithçka ka shkuar në rregull. Ushtarët tanë kanë marshuar përmes rajonit nga veriu në jug dhe nga lindja në perëndim. Tani trupat tona janë të stacionuara këtu, këtu... dhe këtu. (*Tregon me një shkop të drunjtë në drejtim të hartës. Këta lumenj këtu janë kthyer në ngjyrë të kuqe nga gjaku i atyre që rezistuan. Shumë shpejt do ta kemi të gjithë Ilirinë nën kontroll. Mbretëresha krenare e piratëve do të dorëzohet dhe do të na kërkojë mëshirë*).

Alvinus: Nuk është aq e lehtë sa kujton ti, që mbretëresha e hekurt të dorëzohet. Ajo është shumë trime. Eshtë një çmenduri e pashoqe të përballosh perandorinë tonë. Eshtë diçka shumë kurajoze.

Santumalus: Ishte merita edhe e Dhimitrit që na dorëzoi disa toka, madje pa derdhur as edhe një pikë gjaku. Ia kemi borxh pushtimin e Epirit. Ai i tërhoqi forcat dhe nuk bëri asnjë qëndresë.

Alvinus: Kemi në dorë ishullin e Farit për shkak të tij. Duhet t'i bëjmë një letër Perandorit, që ta shpërblejë Dhimitrin me fronin e Ilirisë. Ka për të qenë një mbretëri kukull dhe më e pakta ka për të rënë rezistenca e armatosur ndaj pushtimit romak kur të shohin që në fron do të ulet një princ ilir. Ai ka për të bërë çfarë t'i thotë Roma dhe kontrolli faktikisht do të jetë në duart tona.

Santumalus: Mbretëresha nuk ka për t'u dorëzuar lehtë. Ushtarët tanë kanë arritur deri në Gjirin e Leshit dhe janë shumë afër fortesës së fundit të ushtrisë ilire, por mbretëresha ende nuk është dorëzuar.

Alvinus: Ilirët janë popull trim. Eshtë e paimagjinueshme që ata i bënë ballë forcës së ushtrisë romake. Kemi humbur me qindra, Santumalus! A i mban mend në akademi ku kemi studiuar betejat e etruskëve kundër Romës? Mendohet që janë nga i njëjti trung, si ilirët ashtu edhe etruskët. Ata u mundën, por ngriheshin prapë nga hiri si feniksi dhe na sulmonin herë pas here derisa i zhdukëm.

Alvinus: Ah Santumalus, a e di që edhe unë kam prejardhje ilire? Kam gjak ilir në damarë dhe besoj se kam ende kushurinj në këto anë. Disa nga komandantët më të shquar të Romës kanë prejardhje ilire.

Santumalus: Edhe unë! Por tani le të përcaktojmë strategjinë se si do të mundim mbretëreshën e piratëve!

(Të dy i ngulin sytë hartës ku duket bregu perëndimor i Ilirisë. Papritur në skenë hyn një korrier i plagosur).

Korrieri: Komandantë, sapo erdha nga fusha e betejës. Rashë në pritë dhe u plagosa.

Santumalus: Çarë lajmi po na sjell, ushtar?

Korrieri: Tani do ta them, zotëri, por së pari, para se të vdes, dua të lë amanetin e fundit. Kam gruan shtatzanë dhe dua që nëqoftëse ajo lind djalë, t'i vihet emri "Agron" dhe nëse lind vajzë, t'i vihet emri "Teuta".

Santumalus: Ushtar, ti nuk ke për të vdekur. Ti ke për të jetuar që ta shohësh me sy fëmijën tënd.

Korrieri: Po unë po lë amanet, në rast se vdes.

Alvinus: Ti do të jetosh, ushtar! Mos ki frikë! Tani na trego se çfarë lajmi na sjell.

Korrieri: Po ju sjell lajm nga Dhimitri. Ai po vjen këtu që t'ju takojë...

(Korieri bie përdhe pa ndjenja dhe më në fund vdes. Dy zana shfaqen në të bardha dhe e marrin në krahët e tyre duke dalë nga skena.)

Kori i zanave: Eja, burrë trim i luftës. Eshtë koha për t'u nisur për në udhëtimin e fundit.

(Dhimitri hyn në skenë)

Santumalus: Ah, pa shih, ja ku qenka Dhimitri. Mirësevini, or mik i Romës. Ju përshëndesim me fjalët më të përzemërta dhe ju urojmë shëndet e begati. Çfarë lajmi po na sjell nga Iliria?

Dhimitri: Komandantë legjendarë të Romës, përshëndetje! Ju shtrëngoj duart si burra të nderuar që jeni. Ju më premtuat se nuk do ta shkatërronit ishullin e Farit nëse e dorëzoja tek ju dhe ju e mbajtët fjalën.

Alvinus: Perandori dëshiron të të bëjë një dhuratë për ndihmën që i ke dhënë Romës, duke të dhënë kontrollin e ishullit të Farit dhe më pas, ku i dihet, mbase të jep të gjithë mbretërinë e Ilirisë. Natyrisht, e asaj që ka mbetur pas djegies. Tani duhet të përgatitemi për propozimin që do të bëjë Teuta për nënshkrimin e paqes. Por do të ketë kushte shtesë për kapitullimin e saj. Kushte edhe më të rënda se ato që ajo kundërshtoi, kur dërguam ambasadorin. Tani ajo s'ka rrugë tjetër, veçse të bindet.

Dhimitri: Një mijë fjalë të ëmbla për ju dhe për Romën që po më shpërblen në këtë mënyrë. I jam shumë mirënjohës Perandorit! Juve gjithashtu! Kam dëgjuar se mbretëresha ka ardhur deri këtu. Ku po mbahet ajo?

Santumalus: Teuta erdhi në breg e shoqëruar nga ushtarët e vet. Iu dorëzua njërit prej komandantëve tanë dhe së shpejti do të kemi fatin ta shohim.

Dhimitri: Më duhet të iki para se të arrijë ajo këtu. Ka për të më akuzuar se kam tradhtuar atë vetë dhe të gjithë Ilirinë. Ka për të më poshtëruar në sy të të gjithëve. Eshtë më mirë të mos rri këtu. Tradhëtarët dënohen me vdekje ose me turp.

Santumalus: E dimë që është një mbretëreshë pirate e pashpirt, por që të jetë edhe e principeve, këtë nuk e dija. Rri këtu që të të shohë e ta marrë vesh se kush do të bëhet mbret i Ilirisë!

Alvinus: Ja ku po vjen!

(Teuta hyn në skenë). Mirësevini, mbretëreshë!

Teuta: Ti nuk ka si të më urosh ardhjen në tokën time. Kjo hapësirë, ku ju keni ngritur kampin tuaj, është tokë ilire. (Shikon me përbuzje nga Dhimitri) Pa shih kush na qenka në anën e pushtuesit!

Dhimitri: Mbretëreshë...

Teuta: Ti helmove Agronin. Ti hape fjalë se gjoja e kisha helmuar unë! Ti kurdise planin për të më marrë Pimin! Dhe në fund ti ia dhurove ishullin e Farit romakëve! Ptu! (e pështyn)

Dhimitri: Dhe në fund, unë jam fituesi! (Fshin pështymën)

Teuta: Shumë shpejt do të të vijë fundi edhe ty! Do të të shtrydhin si limon dhe pastaj do të të hedhin!

Dhimitri: Atë do ta shohim!

Santumalus: Mbretëreshë, më duhet të ndërhyj! Ka një fitues dhe një humbës në betejë. Sot ti je humbësja. Të kemi sjellë dokumentin e kapitullimit që ta firmosësh.

Teuta: Nuk kam për të nënshkruar asnjë lloj kapitullimi. Do të vazhdoj luftën deri në frymën e fundit.

Santumalus: Mbretëreshë Teuta. Kam marrë urdhër nga Perandori

që t'ju ofroj respektin dhe konsideratën e tij më të lartë. Ju do të vazhdoni të mbretëroni dhe të mbani titullin e mbretëreshës, nëse nënshkruani këtë marrëveshje. Do të keni të drejtë të keni rojen tuaj personale, si dhe një anije ushtarake, e cila do të ketë lëvizje të kufizuar në gjirin e Leshit.

Teuta: Por unë nuk e njoh autoritetin e Romës. Ushtarët romakë janë ushtarë pushtues dhe e kanë zaptuar tokën tonë me forcë. Kurrë s'kemi rënë dakort për qëndrimin tuaj këtu.

Santumalus: Eshtë në të drejtën tonë të emërojmë një mbret të ri në vend të Agronit dhe ky mbret do të jetë Dhimitri.

Teuta: Nuk është në dorën e pushtuesit romak që të vendosë fatin e fronit të Ilirisë. Ky është një vendim që merret vetëm nga trashëgimtari i fronit.

Santumalus: Duhet ta pranoj që unë jam ilir nga nëna. Komandanti tjetër është Alvinus. Të dy ne jemi me origjinë ilire.

Teuta: Megjithëse keni origjinë ilire, ju jeni prapë pushtues sepse keni vrarë popullin tuaj nën urdhërat brutale të Romës.

Santumalus: Në rregull, e morëm vesh! Tani duhet të heqësh dorë nga Iliria dhe të japësh dëmshpërblime për piraterinë që kanë ushtruar tregtarët tuaj.

Teuta: S'kam për të nënshkruar asnjë dokument që i jep Romës kontroll mbi Ilirinë. Unë nuk i përkulem Romës.

Santumalus: Duhet të biesh dakord që t'i japësh kontrollin Romës.

Nuk ka zgjidhje tjetër. Në këmbim do të kesh kontrollin e Issas.

Teuta: Do ta konsideroj si ofertë nëqoftëse kam të drejtë të drejtoj një anije, nëse më jepet ishulli i Isës dhe nëse kam në krah djalin tim Pimin.

Santumalus: Pimi do t'i kthehet nënës së tij të vërtetë, Anilës, dhe si princ i Ilirisë, ai është trashëgimtari i vetëm i fronit.

Teuta: Po e nënshkruaj marrëveshjen vetëm që të ndaloj gjakderdhjen, por e marr një vendim të tillë me zemër të thyer. Dhimitër, tradhëtar dhe uzurpator, tash është rradha jote të veprosh, ashtu siç të thotë shpirti yt djallëzor. U mallkofsh në breza për tradhëtinë që ke bërë ndaj mbretëreshës dhe atdheut.

Dhimitri: (Kruan zërin.) Do të kujdesem që të mos preket asnjë fije floku e juaja, Teuta!

Teuta: Mos ma përmend emrin se ma ndyn!

Santumalus: Atëherë le ta nënshkruajmë marrëveshjen.

(Teuta ulet pa qejf në tryezë dhe së bashku me Santumalus nënshkruajnë marrëveshjen.)

Santumalus: Iliria nuk ka humbur asgjë me këtë marrëveshje. Iliria është përsëri mbretëri.

Teuta: Iliria është mbretëri, por pa mbretëreshën e vet. Po shkoj te djali im Pimi. (Teuta del nga skena.)

Skena erret.

Epilogu

(Teuta dergjet e shtrirë në shtrat në ishullin e Issas. Është duke vdekur, ndërsa Pimi kujdeset për të. Përpiqet ta qetësojë, por ajo duket shumë e trishtuar.)

Teuta: Po ndiej se po më vjen fundi, biri im! Tani duhet të vësh mbi krye kurorën e Ilirisë.

Pimi: Oh, nëna ime! Dua që të jesh e lumtur. Nëqoftëse unë bëhem mbret i Ilirisë, ti prapë do të respektohesh si nënë mbretëreshë. Ka për të qenë njësoj si atëherë kur isha fëmijë.

Teuta: Shko, bir! Unë do të ndjehem rehat kur të përzëmë tradhtarët nga kështjella dhe kur të rindërtojmë Ilirinë edhe një herë nga e para. Uroj që zotat të hecin në një hap me ty drejt së ardhmes.

Pimi: Po shkoj të vë fjalën tënde në vend. Ti ke aq shumë adhurues e përkrahës sa nuk ta merr mendja. Ata të urojnë të gjitha të mirat dhe janë gati të rrëmbejnë armët.

Teuta: (E puth në ballë ndërsa Pimi ulet në gjunjë) Uroj që zanat të kenë kujdes për ty gjatë gjithë jetës tënde. Ta dish që zemra ime do të jetë gjithmonë me ty, kurdo që të kesh nevojë për të.

Pimi: Do ta përzë Anilën dhe burrin e saj tradhëtar nga kështjella. Ata që ulen sot në fronin e Ilirisë nuk janë udhëheqësit e vërtetë të popullit, por veçse kukulla të Romës. Iliria po lutet që të dalë sa më parë nga kjo gjendje.

Teuta: Je kaq i ri, por zëri yt tingëllon me vendosmëri të fortë dhe me shpresë. Ka shpresë për Ilirinë. (Pimi del.) Nuk dua të vdes para se djali të kthehet nga lufta me fitore. Atëhere do të kthehem në kështjellë që të vdes. Oh, pa shiko, zanat po vijnë përsëri. S'e di se çfarë duan prej meje. A mos kanë ardhur të ma marrin shpirtin?

(Kori i zanave hyn në skenë).

Kori: Tani ka ardhur rradha jote që të shkosh, Teuta! Duhet të vish me ne.

Teuta: Dua të jetoj deri atë ditë sa ta shoh Pimin në fron. Atëherë do të largohem.

Kori: Na dëgjo ne! Ne e dimë se çfarë do të ndodhë. Djali yt ka për ta humbur betejën, por ka për të shpëtuar nga vdekja në saj të ndërhyrjes së Anilës, nënës së tij natyrale.

Teuta: Kjo që po thoni po më dhemb. Dhe tani që e di më duhet të largohem. Por, prisni një herë ju marrtë e mira! Më lini të vishem me rrobat më të mira për udhëtimin tim të fundit.

Kori: Nuk të duhen rrobat e mira atje ku do shkosh!

Teuta: Do të vë edhe një herë kurorën në kokë, diamantet në gishtërinj dhe do të vesh patjetër fustanet më të mira. Do të iki ashtu siç më ka hije mua, Mbretëreshës së Ilirisë.

(Kori e shoqëron Teutën, ndërsa ajo lë skenën. Flakadanët veniten.)

Kori: Mbretëreshë Teuta e Ilirisë u nis drejt shtëpisë së fundit. Nga humbja ajo ringrihet me fitore. Nga vdekja po shkon drejt pavdekësisë. Njerëzimi nuk ka për ta harruar këtë mbretëreshë trime dhe të fortë. Lavdi Mbretëreshës!

Kori: Lavdi!

(Dalin nga skena.)
Fund

Don't miss out!

Visit the website below and you can sign up to receive emails whenever P.I.Kapllani publishes a new book. There's no charge and no obligation.

https://books2read.com/r/B-A-BAINB-CFFKD

BOOKS 2 READ

Connecting independent readers to independent writers.

Also by P.I.Kapllani

Queen Teuta of Illyria
The Last Will
Babai në shishe
Beyond the Edge
Mbretëreshë Teuta e Ilirisë
Genti
Queen Teuta and the Little Prince
Grimcat

Watch for more at kapllani.com.

About the Author

Përparim Kapllani (P.I.Kapllani) was born in the city of Elbasan, Albania. He came to Canada in 2000 and began to put to paper his many untold stories. His most recent book is "Grimcat" -a novel written in Albanian, published by Shkrimtari Publishing House. "The Thin Line" was published by Mawenzi House in 2018. "The Last Will", a novel based on Çamëria genocide, was published by IOWI in 2013. "Beyond the Edge" is a collection of short stories published in 2010. An English version of his play "Queen Teuta of Illyria" was published in 2008. An Albanian version of the play "Mbretëreshë Teuta e Ilirisë" was published in 2014. His short stories appeared in a few anthologies such as: "Lest I forget"-IOWI, "Canadian Voices"- Bookland Press, "The Literary Connection", and "Courtney Park Connection"-IOWI. He graduated as an Anti Aircraft Gun Artillery Officer in 1990, University "Scanderbeg", Tirana, Albania. Years later he graduated as a high school teacher for Literature and Albanian Language, Tirana University, Faculty of History and Philology, in 1998.

Read more at kapllani.com.